Artă culinară Sous-Vide 2023

Retete delicioase pentru gatitul la temperatura scazuta

Elena Ionescu

Cuprins

Carne de crab cu sos de unt de lime 9
Somon rapid în stil nordic 10
Pastrav gustos cu mustar si sos tamari 11
Ton susan cu sos de ghimbir 12
Rulouri de crab cu usturoi divin şi lămâie 14
Caracatiță carbonizată condimentată cu sos de lămâie 16
Kabobs de creveți creoli 18
Creveți cu sos picant 20
Halibut cu eşalotă şi tarhon 21
Unt din Ierburi Lamaie Cod 23
Grupare cu Beurre Nantais 25
Fulgi de ton 27
Scoici unse cu unt 28
Sardine Minty 29
Dorada în vin alb 30
Salată de somon şi varză cu avocado 31
Somon ghimbir 33
Midii în suc proaspăt de lămâie 34
Fripturi de ton marinate cu ierburi 35
Chirintele din carne de crab 37
Miros de chili 39
File de somn marinat 41
Pătrunjel Creveți cu Lămâie 43
Halibut Sous Vide 44

Talpă cu unt de lămâie	46
Tocană de busuioc	47
Tilapia usoara	48
Somon cu sparanghel	49
Curry Macrou	50
Rozmarin calmar	51
Creveți prăjiți cu lămâie	52
Octopus Grill	53
Fripturi de somon sălbatic	55
Tocană de tilapia	56
Cocuți de unt cu boabe de piper	58
Păstrăv Coriandru	60
Inele de calmar	61
Salată de creveți chili și avocado	62
Snapper roșu unt cu sos de șofran cu citrice	64
File de cod cu crustă de susan	66
Somon cremos cu sos de spanac și muștar	67
Scoici de boia dulce cu salată proaspătă	69
Scoici sauce cu mango	71
Praz și creveți cu vinaigretă de muștar	73
Supă de creveți cu nucă de cocos	75
Somon cu miere cu tăiței Soba	77
Homar gourmet cu maioneza	79
Cocktail de creveți de petrecere	81
Herby Lemon Somon	83
Cozi de homar savuroase	84
Somon thailandez cu conopidă și fidea de ou	85

Biban ușor cu mărar 87
Se prăjește cu creveți chili dulci 88
Creveți thailandezi cu fructe 90
Vasă cu creveți cu lămâie în stil Dublin 92
Scoici suculente cu sos de usturoi chili 94
Creveți curry cu tăiței 96
Cod cremos savuros cu patrunjel 97
Oală franceză de Rillettes cu somon 99
Somon de salvie cu piure de cartofi cu nuca de cocos 100
Bol de caracatiță pentru bebeluși de mărar 102
Somon sarat in sos olandez 103
Uimitor lamaie somon cu busuioc 105
Mușcături de ouă cu somon și sparanghel 107
Creveți cu muștar cu usturoi 109
Risotto de homar cu brânză delicios 111
Aripioare de pui dulci și acrișori 113
Piept de pui la citrice 115
Pui umplut cu anghinare 117
Wrap crocant de pui cu bacon 118
Pui cu roșii uscate la soare 119
Pui de legume cu sos de soia. 121
Salată de pui în stil chinezesc cu alune 123
Prânz cu pui cu boia 125
Tocană de pui cu rozmarin 126
Pui crocant cu ciuperci 127
Dish de pui cu ierburi cu dovlecei 129
Pui cu coriandru cu sos de unt de arahide 131

Tocană de pui și praz 133
Pulpe de pui cu muștar... 135
Salată de pui cu brânză cu năut.. 137
Pui cu brânză în straturi 139
Pui în stil chinezesc... 141
Chiftele de pui cu oregano.. 142
Găină Cornish încărcată cu orez și fructe de pădure 144
Pui Rulate Chessy 146
Salată de pui și mazăre cu mentă 147
Pui cu ierburi cu sos de crema de ciuperci 149
Pui prăjit crocant 151
Salata verde de pui cu migdale... 153
Pui cu nucă de cocos cu lapte 155
Bacon și pui în stil roman 156
Roșii cherry, avocado și salată de pui 157
Pui Chili... 159
Aripioare de pui cu aromă de miere.. 161
Pui verde curry cu și tăiței 163
Mini mușcături de pui pesto cu avocado 165
Biluțe de pui cu brânză... 167
Burgeri de curcan cu brânză 169
Curcan umplut cu bacon si nuci invelit in sunca 171
Rulouri de tortilla cu salata Caesar cu curcan 173
Ruladă de curcan cu salvie 175
Piept de curcan cu cimbru... 177
Chifteluțe de curcan pesto burgeri 178
Piept de curcan cu nuci pecan 180

Mâncare de curcan cu condimente 181

Curcan în sos de portocale 182

Pulpe de curcan cu cimbru și rozmarin 184

Piept de curcan cu cuisoare 186

Piept de curcan cu marar si rozmarin 187

Rață dulce prăjită 188

Cimbru Duck Breas t 190

Orange Goose Confit 191

Paste cu creveți cu lămâie cu brânză 193

Halibut cu Sherry dulce și Glazură Miso 195

Somon crocant cu glazură dulce de ghimbir 197

Pește de citrice cu sos de cocos 199

Eglefin Poșat Lime-Prunjel 201

Tilapia crocantă cu sos de muștar și arțar 203

Pește-spadă muștar 205

Tortile picante de pește 206

Fripturi de ton busuioc 208

Salată de pește spadă și cartofi cu măsline Kalamata 210

Somon afumat 213

Scoici dulci cu unt cu Pancetta 215

Chili-Lemon Calamari Linguine 217

Sandwich cu ouă și avocado 219

Ouă Deviled 220

Oua fierte tari 222

Ouă Murate 223

Carne de crab cu sos de unt de lime

Timp de pregătire + gătire: 70 de minute | Porții: 4

Ingrediente

6 catei de usturoi, tocati
Coaja și zeama de la ½ lime
1 kilogram carne de crab
4 linguri de unt

Directii

Pregătiți o baie de apă și puneți Sous Vide în ea. Setați la 137 F. Combinați bine jumătate de usturoi, coaja de lămâie și jumătate de suc de lămâie. Pus deoparte. Puneți amestecul de carne de crab, unt și lămâie într-o pungă care se sigilează în vid. Eliberați aerul prin metoda deplasării apei, sigilați și scufundați punga în baia de apă. Gatiti 50 de minute. Odată ce temporizatorul s-a oprit, scoateți punga. Aruncați sucurile de gătit.

Se încălzește o cratiță la foc mediu-mic și se toarnă untul rămas, amestecul de lămâie rămas și sucul de lămâie rămas. Serviți crabul în 4 rame, stropite cu unt de lămâie.

Somon rapid în stil nordic

Timp de pregătire + gătire: 30 minute | Porții: 4

Ingrediente

1 lingura ulei de masline
4 fileuri de somon, pe piele
Sare si piper negru dupa gust
Coaja și zeama de la 1 lămâie
2 linguri de muștar galben
2 linguri ulei de susan

Directii

Pregătiți o baie de apă și puneți Sous Vide în ea. Setați la 114 F. Asezonați somonul cu sare și piper. Combinați coaja și sucul de lămâie, uleiul și muștarul. Așezați somonul în 2 pungi care se etanșează în vid cu amestecul de muștar. Eliberați aerul prin metoda deplasării apei, sigilați și scufundați pungile în baie. Gatiti 20 de minute. Încinge uleiul de susan într-o tigaie. Odată ce cronometrul s-a oprit, scoateți somonul și uscați. Transferați somonul în tigaie și prăjiți timp de 30 de secunde pe fiecare parte.

Pastrav gustos cu mustar si sos tamari

Timp de pregătire + gătire: 35 minute | Porții: 4

Ingrediente

¼ cană ulei de măsline
4 fileuri de păstrăv, decojite și feliate
½ cană sos Tamari
¼ cană zahăr brun deschis
2 catei de usturoi, tocati
1 lingura de mustar Coleman

Directii

Pregătiți o baie de apă și puneți Sous Vide în ea. Setați la 130 F. Combinați sosul Tamari, zahărul brun, uleiul de măsline și usturoiul. Puneți păstrăvul într-o pungă sigilabilă în vid cu amestec de tamari. Eliberați aerul prin metoda deplasării apei, sigilați și scufundați punga în baia de apă. Gatiti 30 de minute.

Odată ce cronometrul s-a oprit, scoateți păstrăvul și uscați-l cu un prosop de bucătărie. Aruncați sucurile de gătit. Se ornează cu sos tamari și muștar pentru a servi.

Ton susan cu sos de ghimbir

Timp de pregătire + gătire: 45 minute | Porții: 6

Ingrediente:

Ton:
3 fripturi de ton
Sare si piper negru dupa gust
⅓ cană ulei de măsline
2 linguri ulei de canola
½ cană semințe de susan negru
½ cană de semințe de susan alb

Sos de ghimbir:
1 inch ghimbir, ras
2 salote, tocate
1 ardei iute roșu, tocat
3 linguri de apă
2 ½ suc de lime
1 ½ linguriță oțet de orez
2 ½ linguri de sos de soia
1 lingura sos de peste
1 ½ linguriță zahăr
1 legatura frunze de salata verde

Directii:

Începeți cu sosul: puneți o tigaie mică la foc mic și adăugați ulei de măsline. După ce s-a încălzit, adăugați ghimbir și chili. Gatiti 3 minute Adaugati zaharul si otetul, amestecati si gatiti pana se dizolva zaharul. Adăugați apă și aduceți la fierbere. Adăugați sosul de soia, sosul de pește și sucul de lămâie și gătiți timp de 2 minute. Se da deoparte la racit.

Faceți o baie de apă, puneți Sous Vide în ea și setați la 110 F. Asezonați tonul cu sare și piper și puneți-l în 3 pungi separate care se sigilează în vid. Adăugați ulei de măsline, eliberați aerul din pungă prin metoda de deplasare a apei, sigilați și scufundați punga în baia de apă. Setați cronometrul pentru 30 de minute.

Odată ce temporizatorul s-a oprit, scoateți și desigilați punga. Pune tonul deoparte. Puneți o tigaie la foc mic și adăugați ulei de canola. În timp ce încălziți, amestecați semințele de susan într-un castron. Uscați tonul, acoperiți-le cu seminte de susan și prăjiți deasupra și jos în ulei încălzit până când semințele încep să se prăjească.

Tăiați tonul în fâșii subțiri. Așezați un platou de servire cu salată verde și aranjați tonul pe patul de salată. Se serveste cu sos de ghimbir ca aperitiv.

Rulouri de crab cu usturoi divin și lămâie

Timp de pregătire + gătire: 60 de minute | Porții: 4

Ingrediente

4 linguri de unt

1 kilogram de carne de crab gătită

2 catei de usturoi, tocati

Coaja și suc de ½ lămâie

½ cană maioneză

1 bulb de fenicul, tocat

Sare si piper negru dupa gust

4 rulouri, împărțite, unse cu ulei și prăjite

Directii

Pregătiți o baie de apă și puneți Sous Vide în ea. Setați la 137 F. Combinați usturoiul, coaja de lămâie și 1/4 cană de suc de lămâie. Puneți carnea de crab într-o pungă care se etanșează în vid cu amestec de unt și lămâie. Eliberați aerul prin metoda deplasării apei, sigilați și scufundați punga în baia de apă. Gatiti 50 de minute.

Odată ce cronometrul s-a oprit, scoateți punga și transferați-l într-un bol. Aruncați sucurile de gătit. Combinați carnea de crab cu sucul de lămâie rămas, maioneza, fenicul, mărar, sare și piper. Umpleți rulourile cu amestecul de carne de crab înainte de servire.

Caracatiță carbonizată condimentată cu sos de lămâie

Timp de pregătire + gătire: 4 ore și 15 minute | Porții: 4

Ingrediente

5 linguri ulei de măsline

1 kilogram de tentacule de caracatiță

Sare si piper negru dupa gust

2 linguri suc de lamaie

1 lingura coaja de lamaie

1 lingura patrunjel proaspat tocat

1 lingura de cimbru

1 lingura boia

Directii

Pregătiți o baie de apă și puneți Sous Vide în ea. Setați la 179 F. Tăiați tentaculele în lungimi medii. Asezonați cu sare și piper. Pune lungimile cu ulei de măsline într-o pungă care se sigilează în vid. Eliberați aerul prin metoda deplasării apei, sigilați și scufundați punga în baia de apă. Gatiti timp de 4 ore.

Odată ce cronometrul s-a oprit, scoateți caracatița și uscați-o cu un prosop de bucătărie. Aruncați sucurile de gătit. Stropiți cu ulei de măsline.

Încingeți un grătar la foc mediu și prăjiți tentaculele timp de 10-15 secunde pe fiecare parte. Pus deoparte. Combinați bine sucul de lămâie, coaja de lămâie, boia de ardei, cimbrul și pătrunjelul. Acoperiți caracatița cu dressing de lămâie.

Kabobs de creveți creoli

Timp de pregătire + gătire: 50 de minute | Porții: 4

Ingrediente

Coaja și zeama de la 1 lămâie
6 linguri de unt
2 catei de usturoi, tocati
Sare si piper alb dupa gust
1 lingura condimente creole
1½ kg de creveți, devenați
1 lingura marar proaspat tocat + pentru garnitura
Roți de lămâie

Directii

Pregătiți o baie de apă și puneți Sous Vide în ea. Setați la 137 F.

Topiți untul într-o cratiță la foc mediu și adăugați usturoiul, condimentele creole, zeama și coaja de lămâie, sare și piper. Gatiti 5 minute pana cand untul s-a topit. Se da deoparte si se lasa sa se raceasca.

Puneți creveții într-o pungă care se etanșează în vid cu amestecul de unt. Eliberați aerul prin metoda deplasării apei, sigilați și scufundați punga în baia de apă. Gatiti 30 de minute.

Odată ce cronometrul s-a oprit, scoateți creveții și uscați cu un prosop de bucătărie. Aruncați sucurile de gătit. Așezați creveții pe brochete și decorați cu mărar și stoarceți lămâia pentru a servi.

Creveți cu sos picant

Timp de pregătire + gătire: 40 de minute + Timp de răcire | Porții: 5

Ingrediente

2 kg de creveți, devenați și curățați de coajă
1 cană piure de roșii
2 linguri sos de hrean
1 lingurita suc de lamaie
1 lingurita sos Tabasco
Sare si piper negru dupa gust

Directii

Pregătiți o baie de apă și puneți Sous Vide în ea. Setați la 137 F. Puneți creveții într-o pungă care se sigilează cu vid. Eliberați aerul prin metoda de deplasare a apei, sigilați și scufundați punga în baie. Gatiti 30 de minute.

Odată ce cronometrul s-a oprit, scoateți punga și transferați-o într-o baie de apă cu gheață timp de 10 minute. Se lasa sa se raceasca la frigider 1-6 ore. Combinați bine piureul de roșii, sosul de hrean, sosul de soia, sucul de lămâie, sosul Tabasco, sare și piper. Serviți creveții cu sosul.

Halibut cu eșalotă și tarhon

Timp de pregătire + gătire: 50 de minute | Porții: 2

Ingrediente:

2 lb file de halibut
3 crengute frunze de tarhon
1 lingurita praf de usturoi
1 lingurita praf de ceapa
Sare si piper alb dupa gust
2 ½ linguriță + 2 lingurițe unt
2 eșalote, decojite și tăiate la jumătate
2 crengute de cimbru
Roți de lămâie pentru ornat

Directii:

Faceți o baie de apă, puneți Sous Vide în ea și setați la 124 F. Tăiați fileurile de halibut în 3 bucăți fiecare și frecați cu sare, pudră de usturoi, pudră de ceapă și piper. Pune fileurile, tarhonul și 2 ½ lingurițe de unt în 3 pungi diferite care se sigilează în vid. Eliberați aerul prin metoda de deplasare a apei și sigilați pungile. Puneți-le în baia de apă și gătiți timp de 40 de minute.

Odată ce temporizatorul s-a oprit, scoateți și desigilați pungile. Pune o tigaie la foc mic și adaugă restul de unt. Odată ce este încălzit, îndepărtați pielea halibutelor și uscați. Adăugați haliburule cu eșalotă și cimbru și prăjiți partea de jos și deasupra până devine crocantă. Se ornează cu felii de lămâie. Serviți cu o parte de legume fierte la abur.

Unt din Ierburi Lamaie Cod

Timp de pregătire + gătire: 37 minute | Porții: 6

Ingrediente

8 linguri de unt

6 file de cod

Sare si piper negru dupa gust

Coaja de ½ lămâie

1 lingură mărar proaspăt tocat

½ linguriță de arpagic proaspăt tocat

½ linguriță busuioc proaspăt tocat

½ linguriță de salvie proaspătă tocată

Directii

Pregătiți o baie de apă și puneți Sous Vide în ea. Setați la 134 F. Condimentați codul cu sare și piper. Pune codul și coaja de lămâie într-o pungă care se închide în vid.

Într-o pungă separată care se sigilează în vid, puneți untul, jumătate de mărar, arpagicul, busuioc și salvie. Eliberați aerul prin metoda deplasării apei, sigilați și scufundați ambii pungi în baia de apă. Gatiti 30 de minute.

Odată ce cronometrul s-a oprit, scoateți codul și uscați-l cu un prosop de bucătărie. Aruncați sucurile de gătit. Scoateți untul din cealaltă pungă și turnați peste cod. Se ornează cu mărarul rămas.

Grupare cu Beurre Nantais

Timp de pregătire + gătire: 45 minute | Porții: 6

Ingrediente:

grupare:

2 lb gruper, tăiat în 3 bucăți fiecare

1 lingurita chimen praf

½ linguriță pudră de usturoi

½ linguriță praf de ceapă

½ linguriță pudră de coriandru

¼ cană condiment de pește

¼ cană ulei de nuci pecan

Sare si piper alb dupa gust

Beurre Blanc:

1 lb unt

2 linguri otet de mere

2 salote, tocate

1 lingurita boabe de piper, zdrobite

5 oz smântână groasă,

Sarat la gust

2 crengute marar

1 lingura suc de lamaie

1 lingura pudra de sofran

Directii:

Faceți o baie de apă, puneți Sous Vide în ea și setați la 132 F. Asezonați bucățile de grupare cu sare și piper alb. Puneți într-o pungă sigilabilă cu vid, eliberați aerul prin metoda de deplasare a apei, sigilați și scufundați punga în baia de apă. Setați cronometrul pentru 30 de minute. Amestecați chimenul, usturoiul, ceapa, coriandru și condimentele de pește. Pus deoparte.

Între timp, faceți beurre blanc. Pune o tigaie la foc mediu și adaugă eșalotă, oțet și boabe de piper. Gatiti pentru a obtine un sirop. Reduceți focul la mic și adăugați untul, amestecând continuu. Adăugați mărar, sucul de lămâie și pudra de șofran, amestecați continuu și gătiți timp de 2 minute. Se adauga smantana si se condimenteaza cu sare. Gatiti 1 minut. Opriți căldura și lăsați deoparte.

Odată ce temporizatorul s-a oprit, scoateți și desigilați punga. Puneți o tigaie la foc mediu, adăugați ulei de nuci pecan. Uscați grupul și asezonați cu amestecul de condimente și prăjiți-le în uleiul încălzit. Serviți grupul și beurre nantais cu o parte de spanac aburit.

Fulgi de ton

Timp de pregătire + gătire: 1 oră 45 minute | Porții: 4

Ingrediente:

¼ lb friptură de ton
1 lingurita frunze de rozmarin
1 lingurita frunze de cimbru
2 căni de ulei de măsline
1 catel de usturoi, tocat

Directii:

Faceți o baie de apă, puneți Sous Vide în ea și setați la 135 F. Puneți friptura de ton, sarea, rozmarinul, usturoiul, cimbru și două linguri de ulei în punga care se sigilează în vid. Eliberați aerul prin metoda deplasării apei, sigilați și scufundați punga în baia de apă. Setați cronometrul pentru 1 oră și 30 de minute.

Odată ce temporizatorul s-a oprit, scoateți punga. Pune tonul într-un castron și pune-l deoparte. Puneți o tigaie la foc mare, adăugați uleiul de măsline rămas. După ce s-a încălzit, se toarnă peste ton. Fulgi tonul folosind două furculițe. Transferați și păstrați într-un recipient ermetic cu ulei de măsline până la o săptămână. Serviți în salate.

Scoici unse cu unt

Timp de pregătire + gătire: 55 minute | Porții: 3

Ingrediente:

½ lb scoici
3 lingurite de unt (2 lingurite pentru gatit + 1 lingurita pentru copt)
Sare si piper negru dupa gust

Directii:

Faceți o baie de apă, puneți Sous Vide în ea și setați la 140 F. Uscați scoici folosind un prosop de hârtie. Pune scoici, sare, 2 linguri de unt și piper într-o pungă care se etanșează în vid. Eliberați aerul prin metoda de deplasare a apei, sigilați și scufundați punga în baia de apă și setați temporizatorul pentru 40 de minute.

Odată ce temporizatorul s-a oprit, scoateți și desigilați punga. Uscați scoicile cu un prosop de hârtie și lăsați-le deoparte. Puneți o tigaie la foc mediu și restul de unt. Odată ce s-a topit, prăjiți scoici pe ambele părți până se rumenesc. Serviți cu o parte de legume amestecate cu unt.

Sardine Minty

Timp de pregătire + gătire: 1 oră 20 de minute | Porții: 3

Ingrediente:

2 kilograme de sardine
¼ cană ulei de măsline
3 catei de usturoi, macinati
1 lămâie mare, proaspăt cu suc
2 crengute de menta proaspata
Sare si piper negru dupa gust

Directii:

Spălați și curățați fiecare pește, dar păstrați pielea. Uscați cu o hârtie de bucătărie.

Într-un castron mare, combinați uleiul de măsline cu usturoiul, zeama de lămâie, menta proaspătă, sare și piper. Puneți sardinele într-o pungă mare care se sigilează în vid împreună cu marinada. Gătiți într-o baie de apă timp de o oră la 104 F. Scoateți din baie și scurgeți, dar rezervați sosul. Stropiți peștele cu sos și prazul aburit.

Dorada în vin alb

Timp de pregătire + gătire: 2 ore | Porții: 2

Ingrediente:

1 kg dorada, de aproximativ 1 inch grosime, curățată
1 cană de ulei de măsline extravirgin
1 lămâie, suc
1 lingura zahar
1 lingura rozmarin uscat
½ linguriță oregano uscat
2 catei de usturoi, macinati
½ cană de vin alb
1 lingurita sare de mare

Directii:

Combinați uleiul de măsline cu suc de lămâie, zahăr, rozmarin, oregano, usturoi zdrobit, vin și sare într-un castron mare. Scufundați pestele în acest amestec și marinați timp de o oră la frigider. Scoateți din frigider și scurgeți, dar rezervați lichidul pentru servire. Puneți fileurile într-o pungă mare care se sigilează în vid și sigilați. Gatiti en Sous Vide timp de 40 de minute la 122 F. Stropiti marinata ramasa peste file si serviti.

Salată de somon și varză cu avocado

Timp de pregătire + gătire: 1 oră | Porții: 3

Ingrediente:

1 kg file de somon fără piele
Sare si piper negru dupa gust
½ lămâie organică, suc
1 lingura ulei de masline
1 cană frunze de kale, mărunțite
½ cană morcovi prăjiți, feliați
½ avocado copt, tăiat cubulețe mici
1 lingură mărar proaspăt
1 lingura frunze de patrunjel proaspat

Directii:

Asezonați fileul cu sare și piper pe ambele părți și puneți-l într-o pungă mare care se sigilează în vid. Sigilați punga și gătiți în sous vide timp de 40 de minute la 122 F. Scoateți somonul dintr-o baie de apă și lăsați-l deoparte.

Se amestecă într-un castron sucul de lămâie, un praf de sare și piper negru și se adaugă treptat uleiul de măsline în timp ce se amestecă constant. Adăugați varza mărunțită și amestecați pentru a o acoperi uniform cu vinegretă. Adăugați morcovii prăjiți, avocado, mărar și pătrunjel. Se amestecă ușor pentru a se combina. Transferați într-un bol de servire și serviți cu somon deasupra.

Somon ghimbir

Timp de pregătire + gătire: 45 minute | Porții: 4

Ingrediente:

4 file de somon, cu coaja
2 linguri ulei de susan
1 ½ ulei de măsline
2 linguri de ghimbir, ras
2 linguri de zahar

Directii:

Faceți o baie de apă, puneți Sous Vide în ea și setați la 124F. Asezonați somonul cu sare și piper. Puneți restul de ingredient listat într-un bol și amestecați.

Puneți amestecul de somon și zahăr în două pungi care se etanșează în vid, eliberați aer prin metoda de deplasare a apei, sigilați și scufundați punga în baia de apă. Setați cronometrul pentru 30 de minute.

Odată ce temporizatorul s-a oprit, scoateți și desigilați punga. Puneți o tigaie la foc mediu, puneți o bucată de hârtie de copt în partea de jos și preîncălziți. Adăugați somonul, pielea în jos și prăjiți timp de 1 minut fiecare. Serviți cu o parte de broccoli uns cu unt.

Midii în suc proaspăt de lămâie

Timp de pregătire + gătire: 40 de minute | Porții: 2

Ingrediente:

1 kilogram de midii proaspete, cu barbă
1 ceapa de marime medie, curatata de coaja si tocata marunt
Caței de usturoi, zdrobiți
½ cană suc de lămâie proaspăt stors
¼ cana patrunjel proaspat, tocat marunt
1 lingura de rozmarin, tocat marunt
2 linguri ulei de masline

Directii:

Pune midii împreună cu sucul de lămâie, usturoi, ceapă, pătrunjel, rozmarin și ulei de măsline într-o pungă mare care se sigilează în vid. Gatiti en Sous Vide timp de 30 de minute la 122 F. Serviti cu salata verde.

Fripturi de ton marinate cu ierburi

Timp de pregătire + gătire: 1 oră 25 minute | Porții: 5

Ingrediente:

2 kilograme de fripturi de ton, de aproximativ 1 inch grosime
1 linguriță de cimbru uscat, măcinat
1 lingurita busuioc proaspat, tocat marunt
¼ cană de eșalotă tocată mărunt
2 linguri patrunjel proaspat, tocat marunt
1 lingura de marar proaspat, tocat marunt
1 lingurita coaja de lamaie proaspat rasa
½ cană de semințe de susan
4 linguri ulei de masline
Sare si piper negru dupa gust

Directii:

Spălați fileurile de ton sub jet de apă rece și uscați cu o hârtie de bucătărie. Pus deoparte.

Într-un castron mare, combinați cimbru, busuioc, eșalotă, pătrunjel, mărar, ulei, sare și piper. Se amestecă până se încorporează bine și apoi se înmoaie fripturile în această marinadă. Se acoperă bine și se dă la frigider pentru 30 de minute.

Puneți fripturile într-o pungă mare care se sigilează în vid împreună cu marinada. Apăsați punga pentru a elimina aerul și a sigila capacul. Gatiti en Sous Vide timp de 40 de minute la 131 de grade.

Scoateți fripturile din pungă și transferați-le pe o hârtie de bucătărie. Uscați ușor și îndepărtați ierburile. Preîncălziți o tigaie la temperatură ridicată. Rulați fripturile în semințe de susan și transferați-le în tigaie. Gatiti 1 minut pe fiecare parte si luati de pe foc.

Chirintele din carne de crab

Timp de pregătire + gătire: 65 minute | Porții: 4

Ingrediente:

1 kilogram de carne de crab
1 cana ceapa rosie, tocata marunt
½ cană ardei gras roșu, tocat mărunt
2 linguri ardei iute, tocat marunt
1 lingura frunze de telina, tocate marunt
1 lingura frunze de patrunjel, tocate marunt
½ linguriță tarhon, tocat mărunt
Sare si piper negru dupa gust
4 linguri ulei de masline
2 linguri faina de migdale
3 oua, batute

Directii:

Încinge 2 linguri de ulei de măsline într-o tigaie și adaugă ceapa. Se prăjește până devine translucid și se adaugă ardei gras roșu tocat și ardei iute. Gatiti 5 minute, amestecand continuu.

Transferați într-un castron mare. Adăugați carnea de crab, țelina, pătrunjel, tarhon, sare, piper, făină de migdale și ouă. Amestecați bine și turnați amestecul în chifle cu diametrul de 2 inci. Împărțiți ușor chiftelele între 2 pungi sigilabile în vid și sigilați-le. Gatiti in sous vide timp de 40 de minute la 122 F.

Încinge uleiul de măsline rămas într-o tigaie antiaderență, la foc mare. Scoateți chiftelele din baia de apă și transferați-le într-o tigaie. Pe scurt, se rumenesc pe ambele părți timp de 3-4 minute și se servesc.

Miros de chili

Timp de pregătire + gătire: 1 oră 15 minute | Porții: 5

Ingrediente:

1 kilogram de mirosuri proaspete
½ cană suc de lămâie
3 catei de usturoi, macinati
1 lingurita sare
1 cană ulei de măsline extravirgin
2 linguri de marar proaspat, tocat marunt
1 lingura arpagic, tocat
1 lingura ardei iute, macinat

Directii:

Clătiți mirosurile sub jet de apă rece și scurgeți. Pus deoparte.

Într-un castron mare, combinați uleiul de măsline cu sucul de lămâie, usturoiul zdrobit, sare de mare, mărarul tocat mărunt, arpagicul tocat și ardeiul iute. Puneți mirosurile în acest amestec și acoperiți. Se da la frigider pentru 20 de minute.

Scoateți din frigider și puneți-l într-o pungă mare care se sigilează în vid împreună cu marinada. Gatiti in sous vide timp de 40 de minute la 104 F. Scoateti din baia de apa si scurgeti, dar rezervati lichidul.

Încinge o tigaie mare la foc mediu. Adăugați mirosurile și gătiți scurt, timp de 3-4 minute, răsturnându-le. Se ia de pe foc si se transfera pe o farfurie de servire. Stropiți cu marinată și serviți imediat.

File de somn marinat

Timp de pregătire + gătire: 1 oră 20 de minute | Porții: 3

Ingrediente:

1 kilogram file de somn

½ cană suc de lămâie

½ cana frunze de patrunjel, tocate marunt

2 catei de usturoi, macinati

1 cana ceapa, tocata marunt

1 lingura de marar proaspat, tocat marunt

1 lingura frunze proaspete de rozmarin, tocate marunt

2 căni de suc de mere proaspăt stors

2 linguri muştar de Dijon

1 cană ulei de măsline extravirgin

Direcții:

Într-un castron mare, combinați sucul de lămâie, frunzele de pătrunjel, usturoiul zdrobit, ceapa tocată mărunt, mărarul proaspăt, rozmarinul, sucul de mere, muștarul și uleiul de măsline. Se amestecă până se încorporează bine. Scufundați fileurile în acest amestec și acoperiți cu un capac etanș. Se da la frigider pentru 30 de minute.

Scoateți din frigider și puneți în 2 pungi care se etanșează în vid. Sigilați și gătiți în sous vide timp de 40 de minute la 122 F. Scoateți și scurgeți; rezerva lichidul. Se serveste stropite cu propriul lichid.

Pătrunjel Creveți cu Lămâie

Timp de pregătire + gătire: 35 minute | Porții: 4

Ingrediente:

12 creveți mari, curățați și devenați
1 lingurita sare
1 lingurita zahar
3 linguri ulei de masline
1 frunză de dafin
1 fire de patrunjel, tocat
2 linguri coaja de lamaie
1 lingura suc de lamaie

Directii:

Faceți o baie de apă, puneți Sous Vide în ea și setați la 156 F. Într-un castron, adăugați creveții, sare și zahăr, amestecați și lăsați-l să stea 15 minute. Puneți creveții, frunza de dafin, uleiul de măsline și coaja de lămâie într-o pungă care se sigilează în vid. Eliberați aerul prin metoda de deplasare a apei și etanșați. Scufundați în baie și gătiți timp de 10 minute. După ce cronometrul s-a oprit, scoateți și desigilați punga. Preparați creveții și stropiți cu suc de lămâie.

Halibut Sous Vide

Timp de pregătire + gătire: 1 oră 20 de minute | Porții: 4

Ingrediente:

1 kg file de halibut

3 linguri ulei de masline

¼ cană de eșalotă, tocată mărunt

1 lingurita coaja de lamaie proaspat rasa

½ linguriță de cimbru uscat, măcinat

1 lingura patrunjel proaspat, tocat marunt

1 lingurita marar proaspat, tocat marunt

Sare si piper negru dupa gust

Directii:

Spălați peștele sub jet de apă rece și uscați-l cu o hârtie de bucătărie. Tăiați în felii subțiri stropiți generos cu sare și piper. Puneți într-o pungă mare care se etanșează în vid și adăugați două linguri de ulei de măsline. Se condimentează cu eșalotă, cimbru, pătrunjel, mărar, sare și piper.

Apăsați punga pentru a elimina aerul și a sigila capacul. Agitați punga pentru a acoperi toate fileurile cu condimente și lăsați-le la frigider timp de 30 de minute înainte de gătire. Gatiti in sous vide timp de 40 de minute la 131 F.

Scoateți punga din apă și lăsați deoparte să se răcească pentru un timp. Se aseaza pe o hartie de bucatarie si se scurge. Scoateți ierburile.

Preîncălziți uleiul rămas într-o tigaie mare la temperatură ridicată. Adăugați fileuri și gătiți timp de 2 minute. Întoarceți fileurile și gătiți aproximativ 35-40 de secunde și apoi luați de pe foc. Transferați din nou peștele pe un prosop de hârtie și îndepărtați grăsimea în exces. Serviți imediat.

Talpă cu unt de lămâie

Timp de pregătire + gătire: 45 minute | Porții: 3

Ingrediente:

3 file de limbă
1 ½ lingura de unt nesarat
¼ cană suc de lămâie
½ linguriță coaja de lămâie
Piper lamaie dupa gust
1 fire de patrunjel pentru ornat

Directii:

Faceți o baie de apă, puneți Sous Vide în ea și setați-o la 132 F. Uscați cu pat talpa și puneți-o în 3 pungi separate, sigilabile cu vid. Eliberați aerul prin metoda de deplasare a apei și sigilați pungile. Scufundați-vă în baia de apă și setați cronometrul pentru 30 de minute.

Pune o tigaie mica la foc mediu, adauga unt. Odată ce s-a topit se ia de pe foc. Adăugați sucul de lămâie și coaja de lămâie și amestecați.

Odată ce temporizatorul s-a oprit, scoateți și desigilați punga. Transferați fileurile de limbă în farfurii de servire, stropiți peste sos de unt și ornat cu pătrunjel. Serviți cu o parte de legume verzi abur.

Tocană de busuioc

Timp de pregătire + gătire: 50 de minute | Porții: 4

Ingrediente:

1 kg file de cod
1 cană de roșii prăjite la foc
1 lingura busuioc, uscat
1 cană bulion de pește
2 linguri pasta de tomate
3 tulpini de telina, tocate marunt
1 morcov, feliat
¼ cană ulei de măsline
1 ceapa, tocata marunt
½ cană de ciuperci

Directii:

Încinge ulei de măsline într-o tigaie mare, la foc mediu. Adăugați țelina, ceapa și morcovul. Se prăjește timp de 10 minute. Se ia de pe foc și se transferă într-o pungă care se închide în vid împreună cu alte ingrediente. Gatiti in sous vide timp de 40 de minute la 122 F.

Tilapia usoara

Timp de pregătire + gătire: 1 oră 10 minute | Porții: 3

Ingrediente

3 (4 oz) file de tilapia
3 linguri de unt
1 lingura otet de mere
Sare si piper negru dupa gust

Directii:

Faceți o baie de apă, puneți Sous Vide în ea și setați la 124 F. Asezonați tilapia cu piper și sare și puneți-o într-o pungă care se sigilează cu vid. Eliberați aerul prin metoda de deplasare a apei și sigilați punga. Scufundați-l în baia de apă și setați cronometrul pentru 1 oră.

Odată ce temporizatorul s-a oprit, scoateți și desigilați punga. Pune o tigaie la foc mediu și adaugă untul și oțetul. Se fierbe și se amestecă continuu pentru a reduce oțetul la jumătate. Adăugați tilapia și prăjiți puțin. Asezonați cu sare și piper după dorință. Serviți cu o parte de legume unse cu unt.

Somon cu sparanghel

Timp de pregătire + gătire: 3 ore și 15 minute | Porții: 6

Ingrediente:

1 kg file de somon sălbatic
1 lingura ulei de masline
1 lingura oregano uscat
12 sulițe medii de sparanghel
4 rondele de ceapă albă
1 lingura patrunjel proaspat
Sare si piper negru dupa gust

Directii:

Asezonați fileul cu oregano, sare și piper pe ambele părți și ungeți ușor cu ulei de măsline.

Puneți într-un recipient mare care poate fi sigilat în vid împreună cu alte ingrediente. Combinați toate condimentele într-un bol de amestecare. Frecați amestecul uniform pe ambele părți ale fripturii și puneți-l într-o pungă mare care se sigilează în vid. Sigilați punga și gătiți în sous vide timp de 3 ore la 136 F.

Curry Macrou

Timp de pregătire + gătire: 55 minute | Porții: 3

Ingrediente:

3 file de macrou, capete scoase
3 linguri pasta de curry
1 lingura ulei de masline
Sare si piper negru dupa gust

Directii:

Faceți o baie de apă, puneți Sous Vide în ea și setați la 120 F. Condimentați macroul cu piper și sare și puneți-l într-o pungă care se sigilează în vid. Eliberați aerul prin metoda de deplasare a apei, sigilați și scufundați-l în baia de apă și setați temporizatorul pentru 40 de minute.

Odată ce temporizatorul s-a oprit, scoateți și desigilați punga. Puneți o tigaie la foc mediu, adăugați ulei de măsline. Ungeți macroul cu pudra de curry (nu uscați macroul)

După ce s-a încălzit, se adaugă macroul și se călesc până devine maro auriu. Se servește cu o parte de legume cu frunze verzi aburite.

Rozmarin calmar

Timp de pregătire + gătire: 1 oră și 15 minute | Porții: 3

Ingrediente:

1 kilogram de calmar proaspăt, întreg
½ cană ulei de măsline extravirgin
1 lingura de sare roz de Himalaya
1 lingura de rozmarin uscat
3 catei de usturoi, macinati
3 roșii cherry, tăiate la jumătate

Directii:

Clătiți bine fiecare calmar sub jet de apă. Folosind un cuțit de toaletă ascuțit, scoateți capetele și curățați fiecare calmar.

Într-un castron mare, combinați uleiul de măsline cu sare, rozmarinul uscat, roșiile cherry și usturoiul zdrobit. Scufundați calmarul în acest amestec și lăsați-l la frigider pentru 1 oră. Apoi scoateți și scurgeți. Pune calamarul și roșiile cherry într-o pungă mare, care se sigilează în vid. Gătiți în sous vide timp de o oră la 136 F.

Creveți prăjiți cu lămâie

Timp de pregătire + gătire: 50 de minute | Porții: 3

Ingrediente:

1 kilogram de creveți, decojiți și devenați
3 linguri ulei de masline
½ cană suc de lămâie proaspăt stors
1 cățel de usturoi, zdrobit
1 lingurita rozmarin proaspat, zdrobit
1 lingurita sare de mare

Directii:

Combinați uleiul de măsline cu sucul de lămâie, usturoiul zdrobit, rozmarinul și sarea. Folosind o perie de bucătărie, întindeți amestecul peste fiecare creveți și puneți-l într-o pungă mare care se sigilează în vid. Gatiti in sous vide timp de 40 de minute la 104 F.

Octopus Grill

Timp de pregătire + gătire: 5 ore și 20 de minute | Porții: 3

Ingrediente:

½ lb tentacule medii de caracatiță, albite
Sare si piper negru dupa gust
3 linguri + 3 linguri ulei de masline
2 linguri de oregano uscat
2 fire de patrunjel proaspat, tocat
Gheață pentru o baie cu gheață

Directii:

Faceți o baie de apă, puneți Sous Vide în ea și setați la 171 F.

Pune caracatița, sare, 3 lingurițe de ulei de măsline și piper într-o pungă care se închide în vid. Eliberați aerul prin metoda de deplasare a apei, sigilați și scufundați punga în baie de apă. Setați cronometrul pentru 5 ore.

Odată ce cronometrul s-a oprit, scoateți punga și acoperiți-o într-o baie de gheață. Pus deoparte. Preîncălziți un grătar.

Odată ce grătarul este fierbinte, transferați caracatița pe o farfurie, adăugați 3 linguri de ulei de măsline și masați. Caracatița la grătar să se carbonizeze frumos pe fiecare parte. Se taie caracatita si se orneaza cu patrunjel si oregano. Se serveste cu o baie dulce, picanta.

Fripturi de somon sălbatic

Timp de pregătire + gătire: 1 oră 25 minute | Porții: 4

Ingrediente:

2 kg fripturi de somon sălbatic
3 catei de usturoi, macinati
1 lingura rozmarin proaspat, tocat marunt
1 lingura suc de lamaie proaspat stors
1 lingura suc de portocale proaspat stors
1 lingurita coaja de portocala
1 lingurita sare roz de Himalaya
1 cană bulion de pește

Directii:

Combinați sucul de portocale cu sucul de lămâie, rozmarinul, usturoiul, coaja de portocale și sare. Ungeți amestecul peste fiecare friptură și dați la frigider pentru 20 de minute. Transferați într-o pungă mare care se etanșează în vid și adăugați supa de pește. Sigilați punga și gătiți în sous vide timp de 50 de minute la 131 F.

Preîncălziți o tigaie mare, antiaderentă. Scoateți fripturile din punga care se etanșează în vid și grătați-le timp de 3 minute pe fiecare parte, până se carbonizează ușor.

Tocană de tilapia

Timp de pregătire + gătire: 65 minute | Porții: 3

Ingrediente:

1 kg file de tilapia

½ cană ceapă, tocată mărunt

1 cană morcovi, tăiați mărunt

½ cană frunze de coriandru, tocate mărunt

3 catei de usturoi, tocati marunt

1 cana ardei gras verde, tocat marunt

1 linguriță amestec de condimente italian

1 lingurita piper cayenne

½ linguriță ardei iute

1 cană suc proaspăt de roșii

Sare si piper negru dupa gust

3 linguri ulei de masline

Directii:

Încinge ulei de măsline la foc mediu. Adauga ceapa tocata si se caleste pana devine translucida.

Acum adăugați ardei gras, morcovi, usturoi, coriandru, amestec de condimente italiene, ardei cayenne, ardei iute, sare și piper negru. Se amestecă bine și se fierbe încă zece minute.

Se ia de pe foc și se transferă într-o pungă mare care se sigilează în vid împreună cu suc de roșii și fileuri de tilapia. Gatiti in sous vide timp de 50 de minute la 122 F. Scoateti din baia de apa si serviti.

Cocuți de unt cu boabe de piper

Timp de pregătire + gătire: 1 oră 30 de minute | Porții: 2

Ingrediente:

4 oz de găinărețe conservate

¼ cană vin alb sec

1 tulpină de țelină tăiată cubulețe

1 pastarnac taiat cubulete

1 eșalotă sferturi

1 frunză de dafin

1 lingura boabe de piper negru

1 lingura ulei de masline

8 linguri de unt, la temperatura camerei

1 lingura patrunjel proaspat tocat

2 catei de usturoi, tocati

Sarat la gust

1 lingurita piper negru proaspat crapat

¼ cană pesmet panko

1 bagheta, feliata

Directii:

Pregătiți o baie de apă și puneți Sous Vide în ea. Setați la 154 F. Într-o pungă care se etanșează în vid, așezați bucățelele, eșalota, țelina, păstârnacul, vinul, boabele de piper, uleiul de măsline și frunza de dafin. Eliberați aerul prin metoda deplasării apei, sigilați și scufundați punga în baia de apă. Gatiti 60 de minute.

Cu ajutorul unui blender se toarna untul, patrunjelul, sare, usturoiul si piperul macinat. Se amestecă la viteză medie până se combină. Pune amestecul într-o pungă de plastic și rulează-l. Dați la frigider și lăsați să se răcească.

Odată ce cronometrul s-a oprit, îndepărtați melcul și legumele. Aruncați sucurile de gătit. Încinge o tigaie la foc mare. Acoperiți bucățelele cu unt, presărați puțin pesmet și gătiți timp de 3 minute până se topesc. Serviți cu felii de baghetă calde.

Păstrăv Coriandru

Timp de pregătire + gătire: 60 de minute | Porții: 4

Ingrediente:

2 lire păstrăv, 4 bucăți

5 catei de usturoi

1 lingura sare de mare

4 linguri ulei de masline

1 cană frunze de coriandru, tocate mărunt

2 linguri rozmarin, tocat marunt

¼ cană suc de lămâie proaspăt stors

Directii:

Curățați și clătiți bine peștele. Se usucă cu o hârtie de bucătărie și se freacă cu sare. Combinați usturoiul cu ulei de măsline, coriandru, rozmarin și suc de lămâie. Folosiți amestecul pentru a umple fiecare pește. Puneți într-o pungă separată care se sigilează în vid și sigilați. Gatiti en Sous Vide timp de 45 de minute la 131 F.

Inele de calmar

Timp de pregătire + gătire: 1 oră 25 minute | Porții: 3

Ingrediente:

2 cani inele de calmar
1 lingura rozmarin proaspat
Sare si piper negru dupa gust
½ cană ulei de măsline

Directii:

Combinați inelele de calmar cu rozmarin, sare, piper și ulei de măsline într-o pungă mare de plastic curată. Sigilați punga și agitați de câteva ori pentru a acoperi bine. Transferați într-un recipient mare care poate fi sigilat în vid și sigilați punga. Gatiti in sous vide timp de 1 ora si 10 minute la 131 F. Scoateti din baia de apa si serviti.

Salată de creveți chili și avocado

Timp de pregătire + gătire: 45 minute | Porții: 4

Ingrediente:

1 ceapa rosie tocata

Suc de 2 lime

1 lingura ulei de masline

¼ linguriță sare de mare

⅛ lingurita piper alb

1 kilogram de creveți cruzi, decojiți și devenați

1 roșie tăiată cubulețe

1 avocado taiat cubulete

1 ardei iute verde, fără semințe și tăiat cubulețe

1 lingura coriandru tocat

Directii:

Pregătiți o baie de apă și puneți Sous Vide în ea. Setați la 148 F.

Pune sucul de lămâie, ceapa roșie, sare de mare, piper alb, ulei de măsline și creveți într-o pungă care se etanșează în vid. Eliberați aerul prin metoda deplasării apei, sigilați și scufundați punga în baia de apă. Gatiti 24 de minute.

Odată ce cronometrul s-a oprit, scoateți punga și transferați-o într-o baie de apă cu gheață timp de 10 minute. Într-un castron, combinați roșia, avocado, ardei iute verde și coriandru. Turnați conținutul pungii deasupra.

Snapper roşu unt cu sos de şofran cu citrice

Timp de pregătire + gătire: 55 minute | Porții: 4

Ingrediente

4 bucăți roșu curățat

2 linguri de unt

Sare si piper negru dupa gust

Pentru sos de citrice

1 lămâie

1 grapefruit

1 tei

3 portocale

1 lingură muștar de Dijon

2 linguri ulei de canola

1 ceapa galbena

1 dovlecel tăiat cubulețe

1 linguriță fire de șofran

1 lingurita ardei iute taiat cubulete

1 lingura zahar

3 cesti bulion de peste

3 linguri coriandru tocat

Directii

Pregătiți o baie de apă și puneți Sous Vide în ea. Setați la 132 F. Asezonați fileurile de snapper cu sare și piper și puneți-le într-o pungă care se sigilează în vid. Eliberați aerul prin metoda deplasării apei, sigilați și scufundați punga în baia de apă. Gatiti 30 de minute.

Se curăță fructele și se toacă în cuburi. Încinge uleiul într-o tigaie la foc mediu și pune ceapa și dovlecelul. Se caleste timp de 2-3 minute. Adăugați fructele, șofranul, piperul, muștarul și zahărul. Gatiti inca 1 minut. Se amestecă bulionul de pește și se fierbe timp de 10 minute. Se ornează cu coriandru și se lasă deoparte. Odată ce cronometrul s-a oprit, scoateți peștele și transferați-l pe o farfurie. Glazurați cu sos de citrice-șofran și serviți.

File de cod cu crustă de susan

Timp de pregătire + gătire: 45 minute | Porții: 2

Ingrediente

1 file de cod mare
2 linguri pasta de susan
1½ lingurita zahar brun
2 linguri sos de peste
2 linguri de unt
seminte de susan

Directii

Pregătiți o baie de apă și puneți Sous Vide în ea. Setați la 131 F.

Înmuiați codul cu amestecul de zahăr brun, pasta de susan și sos de pește. Puneți într-o pungă sigilabilă în vid. Eliberați aerul prin metoda deplasării apei, sigilați și scufundați punga în baia de apă. Gatiti 30 de minute. Topiți untul într-o tigaie la foc mediu.

Odată ce cronometrul s-a oprit, scoateți codul și transferați-l în tigaie și prăjiți timp de 1 minut. Serviți pe un platou. Turnați sucurile de gătit în tigaie și gătiți până se reduce. Adăugați 1 lingură de unt și amestecați. Se adaugă codul cu sosul și se ornează cu semințe de susan. Serviți cu orez.

Somon cremos cu sos de spanac și muștar

Timp de pregătire + gătire: 55 minute | Porții: 2

euingrediente

4 fileuri de somon fără piele
1 buchet mare de spanac
½ cană de muștar de Dijon
1 cană smântână groasă
1 cană de smântână jumătate și jumătate
1 lingura suc de lamaie
Sare si piper negru dupa gust

Directii

Pregătiți o baie de apă și puneți Sous Vide în ea. Setați la 115 F. Puneți somonul asezonat cu sare într-o pungă care se etanșează în vid. Eliberați aerul prin metoda deplasării apei, sigilați și scufundați punga în baia de apă. Gatiti 45 de minute.

Încinge o oală la foc mediu și gătește spanacul până se înmoaie. Se reduce focul si se toarna zeama de lamaie, piper si sare. Continuați să gătiți. Încinge o cratiță la foc mediu și combină jumătate de smântână și muștar de Dijon. Coborâți focul și gătiți. Asezonați cu sare și piper. Odată ce cronometrul s-a oprit, scoateți somonul și transferați-l pe o farfurie. Ungați cu sos. Serviți cu spanac.

Scoici de boia dulce cu salată proaspătă

Timp de pregătire + gătire: 55 minute | Porții: 4

Ingrediente

1 kilogram de scoici

1 lingurita praf de usturoi

½ linguriță praf de ceapă

½ lingurita boia

¼ lingurita piper cayenne

Sare si piper negru dupa gust

Salată

3 cani boabe de porumb

½ litru de roșii cherry tăiate în jumătate

1 ardei gras rosu taiat cubulete

2 linguri patrunjel proaspat tocat

Îmbrăcarea

1 lingura busuioc proaspat

1 lămâie sferturi

Directii

Pregătiți o baie de apă și puneți Sous Vide în ea. Setați la 122 F.

Puneți scoicile într-o pungă care se sigilează în vid. Asezonați cu sare și piper. Într-un castron, combinați praful de usturoi, boia de ardei, pudra de ceapă și ardeiul cayenne. Se toarnă înăuntru. Eliberați aerul prin metoda deplasării apei, sigilați și scufundați punga în baia de apă. Gatiti 30 de minute.

Între timp, preîncălziți cuptorul la 400 F. Într-o tavă de copt, puneți boabele de porumb și ardeiul roșu. Stropiți ulei de măsline și asezonați cu sare și piper. Gatiti 5-10 minute. Se transferă într-un bol și se amestecă cu pătrunjel. Într-un castron, combinați bine ingredientele pentru dressing și turnați peste boabele de porumb.

Odată ce cronometrul s-a oprit, scoateți punga și transferați-o într-o tigaie fierbinte. Se prăjește timp de 2 minute pe fiecare parte. Serviți pe un platou, scoicile și salata. Se ornează cu busuioc și felii de lămâie.

Scoici sauce cu mango

Timp de pregătire + gătire: 50 de minute | Porții: 4

Ingrediente

1 kilogram de scoici mari

1 lingura de unt

<u>Sos</u>

1 lingura suc de lamaie

2 linguri ulei de masline

<u>Garnitură</u>

1 lingura coaja de lime

1 lingura coaja de portocala

1 cană de mango tăiat cubulețe

1 ardei Serrano feliat subțire

2 linguri frunze de menta tocate

Directii

Puneți scoicile într-o pungă care se sigilează în vid. Asezonați cu sare și piper. Lăsați să se răcească în frigider toată noaptea. Pregătiți o baie de apă și puneți Sous Vide în ea. Setați la 122 F. Eliberați aerul prin metoda de deplasare a apei, sigilați și scufundați punga în baia de apă. Gatiti 15-35 de minute.

Încinge o tigaie la foc mediu. Într-un bol, amestecați bine ingredientele sosului. Odată ce cronometrul s-a oprit, scoateți scoicile și transferați-le în tigaie și prăjiți până se rumenesc. Serviți într-o farfurie. Presărați sosul și adăugați ingredientele pentru garnitură.

Praz și creveți cu vinaigretă de muștar

Timp de pregătire + gătire: 1 oră 20 de minute | Porții: 4

euingrediente

6 praz
5 linguri ulei de măsline
Sare si piper negru dupa gust
1 șalotă, tocată
1 lingura otet de orez
1 lingură muștar de Dijon
1/3 de kilogram de creveți de dafin fierți
Pătrunjel proaspăt tocat

Directii

Pregătiți o baie de apă și puneți Sous Vide în ea. Setați la 183 F.

Tăiați partea de sus a prazului și îndepărtați părțile de jos. Spălați-le în apă rece și stropiți cu 1 lingură de ulei de măsline. Asezonați cu sare și piper. Puneți într-o pungă sigilabilă în vid. Eliberați aerul prin metoda deplasării apei, sigilați și scufundați punga în baia de apă. Gatiti 1 ora.

Între timp, pentru vinegretă, într-un castron combinați eșapa, muștarul de Dijon, oțetul și 1/4 cană de ulei de măsline. Asezonați cu sare și piper. Odată ce cronometrul s-a oprit, scoateți punga și transferați-o într-o baie de apă cu gheață. Lăsați răcirea. Pune prazul in 4 farfurii si asezoneaza cu sare. Adaugati crevetii si stropiti cu vinegreta. Se orneaza cu patrunjel.

Supă de creveți cu nucă de cocos

Timp de pregătire + gătire: 55 minute | Porții: 6

Ingrediente

8 creveți mari cruzi, decojiți și devenați
1 lingura de unt
Sare si piper negru dupa gust

Pentru Supă

1 kilogram de dovlecel
4 linguri suc de lamaie
2 cepe galbene, tocate
1-2 chilis roșii mici, tocate mărunt
1 tulpină de lemongrass, doar partea albă, tocată
1 lingurita pasta de creveti
1 lingurita zahar
1½ cani de lapte de cocos
1 lingurita pasta de tamarind
1 cană apă
½ cană cremă de cocos
1 lingura sos de peste
2 linguri busuioc proaspăt, tocat

Directii

Pregătiți o baie de apă și puneti Sous Vide în ea. Setați la 142 F. Puneți creveții și untul într-o pungă care se sigilează în vid. Asezonați cu sare și piper. Eliberați aerul prin metoda deplasării apei, sigilați și scufundați punga în baia de apă. Gatiti 15-35 de minute.

Între timp, curățați dovlecelul și aruncați semințele. Tăiați în cuburi. Într-un robot de bucătărie, adăugați ceapa, lemongrass, chili, pasta de creveți, zahăr și 1/2 cană de lapte de cocos. Se amestecă până se face piure.

Încinge o caserolă la foc mai mic și combina amestecul de ceapă, laptele de cocos rămas, pasta de tamarind și apa. Adăugați dovlecelul și gătiți timp de 10 minute.

Odată ce cronometrul s-a oprit, scoateți creveții și transferați în supă. Bateți crema de cocos, sucul de lămâie și busuiocul. Serviți în boluri cu supă.

Somon cu miere cu tăiței Soba

Timp de pregătire + gătire: 40 de minute | Porții: 4

Ingrediente

Somon

6 oz file de somon, pe piele
Sare si piper negru dupa gust
1 lingurita ulei de susan
1 cană ulei de măsline
1 lingura de ghimbir proaspat, ras
2 linguri de miere

Soba de susan

4 oz taitei soba uscati
1 lingura ulei de seminte de struguri
2 catei de usturoi, tocati
½ cap de conopida
3 linguri tahini
1 lingurita ulei de susan
2 linguri ulei de masline
¼ de lime verde
1 ceapă verde tulpină feliată
¼ cana coriandru, tocat grosier
1 lingurita de mac prajite

Bucuri de lime pentru ornat

Seminte de susan pentru garnitura

2 linguri coriandru, tocat

Directii

Pregătiți o baie de apă și puneți Sous Vide în ea. Setați la 123 F. Asezonați somonul cu sare și piper. Într-un castron, combinați uleiul de susan, uleiul de măsline, ghimbirul și mierea. Puneți somonul și amestecul într-o pungă care se închide în vid. Agită bine. Eliberați aerul prin metoda deplasării apei, sigilați și scufundați punga în baia de apă. Gatiti 20 de minute.

Între timp, pregătiți tăițeii soba. Se încălzește ulei de sâmburi de struguri într-o tigaie la foc mare și se prăjește conopida și usturoiul timp de 6-8 minute. Într-un castron, combinați bine tahina, uleiul de măsline, uleiul de susan, sucul de lămâie, coriandru, ceapa verde și semințele de susan prăjite. Scurgeți tăițeii și adăugați la conopidă.

Încinge o tigaie la foc mare. Acoperiți cu hârtie de copt. Odată ce cronometrul s-a oprit, scoateți somonul și transferați-l în tigaie. Se prăjește timp de 1 minut. Serviți tăițeii în două boluri și adăugați somon. Decorați cu felii de lime, semințe de mac și coriandru.

Homar gourmet cu maioneza

Timp de pregătire + gătire: 40 de minute | Porții: 2

Ingrediente

2 cozi de homar
1 lingura de unt
2 cepe dulci, tocate
3 linguri de maioneza
Sarat la gust
Un praf de piper negru
2 linguri de suc de lamaie

Directii

Pregătiți o baie de apă și puneți Sous Vide în ea. Setați la 138 F.

Se incinge apa intr-o caserola la foc iute, pana da in clocot. Deschideți cojile de homar și scufundați-le în apă. Gatiti 90 de secunde. Transferați într-o baie cu apă cu gheață. Lăsați să se răcească timp de 5 minute. Spargeți cojile și îndepărtați cozile.

Puneți cozile cu unt într-o pungă care se sigilează în vid. Eliberați aerul prin metoda deplasării apei, sigilați și scufundați punga în baia de apă. Gatiti 25 de minute.

Odată ce cronometrul s-a oprit, îndepărtați cozile și uscați. Scaun deoparte. Lăsați să se răcească timp de 30 de minute. Într-un castron, combinați maioneza, ceapa dulce, ardeiul și sucul de lămâie. Tăiați cozile, adăugați-le la amestecul de maioneză și amestecați bine. Serviți cu pâine prăjită.

Cocktail de creveți de petrecere

Timp de pregătire + gătire: 40 de minute | Porții: 2

Ingrediente

1 kilogram de creveți, decojiți și devenați
Sare si piper negru dupa gust
4 linguri de mărar proaspăt, tocat
1 lingura de unt
4 linguri maioneza
2 linguri ceapa verde, tocata
2 linguri de suc de lamaie proaspat stors
2 linguri piure de rosii
1 lingura sos tabasco
4 rulouri alungite
8 frunze de salata verde
½ lămâie, tăiată felii

Directii

Pregătiți o baie de apă și puneți Sous Vide în ea. Setați la 149 F. Pentru condiment, combinați bine maioneza, ceapa verde, sucul de lămâie, piureul de roșii și sosul Tabasco. Asezonați cu sare și piper.

Puneți creveții și condimentele într-o pungă care se închide în vid. Adăugați 1 lingură de mărar și 1/2 linguriță de unt în fiecare pachet. Eliberați aerul prin metoda deplasării apei, sigilați și scufundați punga în baia de apă. Gatiti 15 minute.

Preîncălziți cuptorul la 400 F. și gătiți rulourile timp de 15 minute. Odată ce temporizatorul s-a oprit, scoateți sacul și scurgeți-l. Puneți creveții într-un castron cu dressingul și amestecați bine. Serviți deasupra rulourilor de salată verde cu lămâie.

Herby Lemon Somon

Timp de pregătire + gătire: 45 minute | Porții: 2

Ingrediente

2 fileuri de somon fără piele
Sare si piper negru dupa gust
¾ cană ulei de măsline extravirgin
1 eșalotă, tăiată în rondele subțiri
1 lingura frunze de busuioc, tocate usor
1 lingurita ienibahar
3 oz de verdeață amestecată
1 lămâie

Directii

Pregătiți o baie de apă și puneți Sous Vide în ea. Setați la 128 F.

Puneți somonul și asezonați cu sare și piper într-o pungă care se închide în vid. Adăugați inele de eșalotă, ulei de măsline, ienibahar și busuioc. Eliberați aerul prin metoda deplasării apei, sigilați și scufundați punga în baia de apă. Gatiti 25 de minute.

Odată ce cronometrul s-a oprit, scoateți punga și transferați somonul pe o farfurie. Amestecați sucurile de gătit cu puțin suc de lămâie și fileurile de somon de deasupra. Servi.

Cozi de homar savuroase

Timp de pregătire + gătire: 1 oră 10 minute | Porții: 2

Ingrediente

8 linguri de unt

2 cozi de homar, scoici îndepărtate

2 crengute tarhon proaspat

2 linguri salvie

Sarat la gust

Roți de lămâie

Directii

Pregătiți o baie de apă și puneți Sous Vide în ea. Setați la 134 F.

Puneți cozile de homar, untul, sarea, salvie și tarhonul într-o pungă care se sigilează în vid. Eliberați aerul prin metoda deplasării apei, sigilați și scufundați punga în baia de apă. Gatiti 60 de minute.

Odată ce cronometrul s-a oprit, scoateți punga și transferați homarul pe o farfurie. Presărați unt deasupra. Se ornează cu felii de lămâie.

Somon thailandez cu conopidă și fidea de ou

Timp de pregătire + gătire: 55 minute | Porții: 2

Ingrediente

2 fileuri de somon pe piele
Sare si piper negru dupa gust
1 lingura ulei de masline
4½ linguri de sos de soia
2 linguri de ghimbir proaspăt tocat
2 chilis thailandezi felii subțiri
6 linguri ulei de susan
4 oz tăiței cu ou pregătiți
6 oz buchete de conopidă fierte
5 linguri de seminte de susan

Directii

Pregătiți o baie de apă și puneți Sous Vide în ea. Setați la 149 F. Pregătiți o tavă de copt tapetată cu folie de aluminiu și puneți somonul, asezonați cu sare și piper și acoperiți cu o altă foaie de aluminiu. Coaceți la cuptor timp de 30 de minute.

Scoateți somonul copt într-o pungă sigilabilă în vid. Eliberați aerul prin metoda deplasării apei, sigilați și scufundați punga în baia de apă. Gatiti 8 minute.

Într-un castron, amestecați ghimbirul, chilis, 4 linguri de sos de soia și 4 linguri de ulei de susan. Odată ce cronometrul s-a oprit, scoateți punga și transferați somonul într-un castron cu tăiței. Se ornează cu semințe prăjite și piele de somon. Stropiți cu sosul de ghimbir și ardei iute și serviți.

Biban ușor cu mărar

Timp de pregătire + gătire: 35 minute | Porții: 3

Ingrediente

1 kg de biban chilian, fără piele
1 lingura ulei de masline
Sare si piper negru dupa gust
1 lingura marar

Directii

Pregătiți o baie de apă și puneți Sous Vide în ea. Setați la 134 F. Asezonați bibanul de mare cu sare și piper și puneți-l într-o pungă care se sigilează în vid. Adăugați mararul și uleiul de măsline. Eliberați aerul prin metoda deplasării apei, sigilați și scufundați punga în baia de apă. Gatiti 30 de minute. Odată ce cronometrul s-a oprit, scoateți punga și transferați bibanul pe o farfurie.

Se prăjește cu creveți chili dulci

Timp de pregătire + gătire: 40 de minute | Porții: 6

Ingrediente

1½ kg de creveți

3 ardei iute roșu uscat

1 lingura de ghimbir ras

6 căței de usturoi, zdrobiți

2 linguri vin de șampanie

1 lingura sos de soia

2 linguri de zahar

½ linguriță amidon de porumb

3 cepe verde, tocate

Directii

Pregătiți o baie de apă și puneți Sous Vide în ea. Setați la 135 F.

Combinați ghimbirul, cățeii de usturoi, chilis, vinul de șampanie, zahărul, sosul de soia și amidonul de porumb. Puneți creveții decojiți împreună cu amestecul într-o pungă care se sigilează în vid. Eliberați aerul prin metoda deplasării apei, etanșați și scufundați-l în baia de apă. Gatiti 30 de minute.

Pune ceapa verde într-o tigaie la foc mediu. Adăugați ulei și gătiți timp de 20 de secunde. Odată ce cronometrul s-a oprit, scoateți creveții fierți și transferați într-un castron. Se ornează cu ceapă. Serviți cu orez.

Creveți thailandezi cu fructe

Timp de pregătire + gătire: 25 minute | Porții: 4

Ingrediente

2 kilograme de creveți, decojiți și devenați
4 bucăți de papaya decojite și mărunțite
2 salote, feliate
¾ cană roșii cherry, tăiate la jumătate
2 linguri busuioc, tocat
¼ cană alune uscate prăjite

Dressing thailandez

¼ cană suc de lămâie
6 linguri de zahăr
5 linguri sos de peste
4 catei de usturoi
4 chili roșii mici

Directii

Pregătiți o baie de apă și puneți Sous Vide în ea. Setați la 135 F. Puneți creveții într-o pungă care se sigilează cu vid. Eliberați aerul prin metoda deplasării apei, sigilați și scufundați punga în baia de apă. Gatiti 15 minute. Combinați bine într-un bol sucul de lămâie, sosul de pește și zahărul. Piure usturoiul și chilis. Adăugați la amestecul de dressing.

Odată ce cronometrul s-a oprit, scoateți creveții din pungă și transferați într-un castron. Adăugați papaya, busuioc Thain, eșalota, roșiile și alunele. Glazurați cu dressingul.

Vasă cu creveți cu lămâie în stil Dublin

Timp de pregătire + gătire: 1 oră 15 minute | Porții: 4

Ingrediente

4 linguri de unt

2 linguri suc de lamaie

2 catei de usturoi proaspat, tocati

1 lingurita coaja proaspata de lime

Sare si piper negru dupa gust

1 kilogram de creveți jumbo, decojiți și devenați

½ cană de pesmet panko

1 lingura patrunjel proaspat, tocat

Directii

Pregătiți o baie de apă și puneți Sous Vide în ea. Setați la 135 F.

Încinge 3 linguri de unt într-o tigaie la foc mediu și adaugă suc de lămâie, sare, piper, usturoi și coaja. Lăsați să se răcească timp de 5 minute. Puneți creveții și amestecul într-o pungă care se sigilează în vid. Eliberați aerul prin metoda deplasării apei, sigilați și scufundați punga în baia de apă. Gatiti 30 de minute.

Între timp, încălziți untul într-o tigaie la foc mediu și prăjiți pesmetul de panko. Odată ce cronometrul s-a oprit, scoateți creveții și transferați într-o oală fierbinte la foc mare și gătiți cu sucul de gătit. Serviți în 4 boluri cu supă și acoperiți cu pesmet.

Scoici suculente cu sos de usturoi chili

Timp de pregătire + gătire: 75 minute | Porții: 2

Ingrediente

2 linguri praf de curry galben

1 lingura pasta de rosii

½ cană cremă de cocos

1 lingurita sos de usturoi chili

1 lingura suc de lamaie

6 scoici

Orez brun fiert, pentru servire

Coriandru proaspăt, tocat

Directii

Pregătiți o baie de apă și puneți Sous Vide în ea. Setați la 134 F.

Combinați crema de nucă de cocos, pasta de roșii, pudra de curry, sucul de lămâie și sosul chili-usturoi. Puneți amestecul cu scoici într-o pungă care se sigilează în vid. Eliberați aerul prin metoda deplasării apei, sigilați și scufundați punga în baia de apă. Gatiti 60 de minute.

Odată ce cronometrul s-a oprit, scoateți punga și transferați-o pe o farfurie. Serviți orezul brun și acoperiți cu scoici. Se ornează cu coriandru.

Creveți curry cu tăiței

Timp de pregătire + gătire: 25 minute | Porții: 2

Ingrediente

1 kilogram de creveți, cu coadă
8 oz taitei vermicelli, fierti si scursi
1 lingura vin de orez
1 lingurita pudra de curry
1 lingura sos de soia
1 ceapă verde, feliată
2 linguri ulei vegetal

Directii

Pregătiți o baie de apă și puneți Sous Vide în ea. Setați la 149 F. Puneți creveții într-o pungă care se sigilează cu vid. Eliberați aerul prin metoda deplasării apei, sigilați și scufundați punga în baia de apă. Gatiti 15 minute.

Încinge uleiul într-o tigaie la foc mediu și adaugă vin de orez, praf de curry și sos de soia. Se amestecă bine și se combină tăițeii. Odată ce cronometrul s-a oprit, scoateți creveții și transferați în amestecul de tăiței. Se ornează cu ceapă verde.

Cod cremos savuros cu patrunjel

Timp de pregătire + gătire: 40 de minute | Porții: 6

Ingrediente

Pentru Cod

6 file de cod

Sarat la gust

1 lingura ulei de masline

3 fire de patrunjel proaspat

Pentru sos

1 cană de vin alb

1 cană de smântână jumătate și jumătate

1 ceapa alba tocata marunt

2 linguri de mărar, tocat

2 linguri de boabe de piper negru

Directii

Pregătiți o baie de apă și puneți Sous Vide în ea. Setați la 148 F.

Se asezonează cu file de cod sare în pungi care se etanșează în vid. Se adauga ulei de masline si patrunjel. Eliberați aerul prin metoda deplasării apei, sigilați și scufundați punga în baia de apă. Gatiti 30 de minute.

Se încălzește o cratiță la foc mediu, se adaugă vinul, ceapa, boabele de piper negru și se fierbe până scade. Se amestecă jumătate și jumătate de smântână până se îngroașă. Odată ce cronometrul s-a oprit, puneți peștele în platou și stropiți cu sos.

Oală franceză de Rillettes cu somon

Timp de pregătire + gătire: 2 ore și 30 de minute | Porții: 2

Ingrediente

½ kg file de somon, fără piele
1 lingurita sare de mare
6 linguri de unt
1 ceapa, tocata
1 cățel de usturoi, tocat
1 lingura suc de lamaie

Directii

Pregătiți o baie de apă și puneți Sous Vide în ea. Setați la 130 F. Puneți somonul, untul nesărat, sarea de mare, cățeii de usturoi, ceapa și sucul de lămâie într-o pungă care se sigilează în vid. Eliberați aerul prin metoda deplasării apei, sigilați și scufundați punga în baia de apă. Gatiti 20 de minute.

Odată ce cronometrul s-a oprit, scoateți somonul și transferați-l în 8 boluri mici. Asezonați cu sucuri de gătit. Se lasa sa se raceasca la frigider 2 ore. Serviți cu felii de pâine prăjită.

Somon de salvie cu piure de cartofi cu nuca de cocos

Timp de pregătire + gătire: 1 oră 30 de minute | Porții: 2

Ingrediente

2 fileuri de somon, pe piele
2 linguri ulei de masline
2 crengute de salvie
4 catei de usturoi
3 cartofi, peliti si tocati
¼ cană lapte de cocos
1 buchet curcubeu
1 lingura de ghimbir ras
1 lingura sos de soia
Sare de mare dupa gust

Directii

Pregătiți o baie de apă și puneți Sous Vide în ea. Setați la 122 F. Puneți somonul, salvie, usturoiul și uleiul de măsline într-o pungă care se sigilează în vid. Eliberați aerul prin metoda deplasării apei, sigilați și scufundați punga în baia de apă. Gatiti 1 ora.

Încingeți cuptorul la 375 F. Ungeți cartofii cu ulei și coaceți timp de 45 de minute. Transferați cartofii într-un blender și adăugați laptele de cocos. Asezonați cu sare și piper. Se amestecă timp de 3 minute, până se omogenizează.

Se încălzește ulei de măsline într-o tigaie la foc mediu și se călește ghimbir, mătgul și sosul de soia.

Odată ce cronometrul s-a oprit, scoateți somonul și transferați-l într-o tigaie încinsă. Se prăjește timp de 2 minute. Transferați pe o farfurie, adăugați piureul de cartofi și acoperiți cu carbon pentru a servi.

Bol de caracatiță pentru bebeluși de mărar

Timp de pregătire + gătire: 60 de minute | Porții: 4

Ingrediente

1 kilogram de caracatiță
1 lingura ulei de masline
1 lingura suc de lamaie proaspat stors
Sare si piper negru dupa gust
1 lingura marar

Directii

Pregătiți o baie de apă și puneți Sous Vide în ea. Setați la 134 F. Puneți caracatița într-o pungă care se sigilează cu vid. Eliberați aerul prin metoda deplasării apei, sigilați și scufundați punga în baia de apă. Gatiti 50 de minute. Odată ce cronometrul s-a oprit, scoateți caracatița și uscați. Amesteca caracatita cu putin ulei de masline si zeama de lamaie. Se condimentează cu sare, piper și mărar.

Somon sarat in sos olandez

Timp de pregătire + gătire: 1 oră 50 de minute | Porții: 4

euingrediente

4 fileuri de somon

Sarat la gust

Sos olandez

4 linguri de unt

1 galbenus de ou

1 lingurita suc de lamaie

1 lingurita apa

½ eșalotă tăiată cubulețe

Un praf de boia

Directii

Asezonați somonul cu sare. Lăsați să se răcească timp de 30 de minute. Pregătiți o baie de apă și puneți Sous Vide în ea. Setați la 148 F. Puneți toate ingredientele pentru sos într-o pungă care se sigilează în vid. Eliberați aerul prin metoda deplasării apei, sigilați și scufundați punga în baia de apă. Gatiti 45 de minute.

Odată ce temporizatorul s-a oprit, scoateți punga. Pus deoparte. Coborâți temperatura Sous Vide la 120 F și puneți somonul într-o pungă sigilabilă în vid. Eliberați aerul prin metoda deplasării apei, sigilați și scufundați punga în baia de apă. Gatiti 30 de minute. Transferați sosul într-un blender și amestecați până când este galben deschis. Odată ce cronometrul s-a oprit, scoateți somonul și uscați. Se serveste deasupra cu sos.

Uimitor lamaie somon cu busuioc

Timp de pregătire + gătire: 35 minute | Porții: 4

Ingrediente

2 kilograme de somon
2 linguri ulei de masline
1 lingura busuioc tocat
Zest de 1 lămâie
Suc de 1 lămâie
¼ linguriță de usturoi pudră
Sare de mare si piper negru dupa gust

Directii

Pregătiți o baie de apă și puneți Sous Vide în ea. Setați la 115 F. Puneți somonul într-o pungă care se etanșează în vid. Eliberați aerul prin metoda deplasării apei, sigilați și scufundați punga în baia de apă. Gatiti 30 de minute.

Între timp, într-un bol combinați bine piperul, sarea, busuiocul, sucul de lămâie și pudra de usturoi până se emulsionează. Odată ce cronometrul s-a oprit, scoateți somonul și transferați-l pe o farfurie. Rezervați sucurile de gătit. Se incinge ulei de masline intr-o tigaie la foc mare si se calesc feliile de usturoi. Pune usturoiul deoparte. Puneți somonul în tigaie și gătiți timp de 3 minute până devine auriu. Farfurie si deasupra cu feliile de usturoi.

Mușcături de ouă cu somon și sparanghel

Timp de pregătire + gătire: 70 de minute | Porții: 6

Ingrediente

6 oua intregi

¼ cană cremă frage

¼ cană brânză de capră

4 sulițe sparanghel

2 oz somon afumat

2 oz brânză chèvre

½ oz eșalotă tocată

2 linguri marar tocat, proaspat

Sare si piper negru dupa gust

Directii

Pregătiți o baie de apă și puneți Sous Vide în ea. Setați la 172 F. Amestecați ouăle, crema dulce, brânza de capră și sarea. Sparanghelul se taie cubulete si se adauga la amestec cu salota. Tăiați somonul și adăugați-l și în bol. Adăugați mararul. Combinați bine.

Adăugați amestecul de ouă și somon în 6 borcane. Adăugați 1/6 chevre în borcane, sigilați și scufundați borcanele în baia de apă. Gatiti 60 de minute. Odată ce cronometrul s-a oprit, scoateți borcanele și acoperiți cu sare.

Creveți cu muștar cu usturoi

Timp de pregătire + gătire: 2 ore 45 minute | Porții: 2

Ingrediente

½ linguriță de semințe de muștar galben
¼ linguriță de semințe de țelină
½ linguriță fulgi de ardei roșu
½ linguriță de semințe de coriandru
½ linguriță de semințe de fenicul
¾ cană ulei de măsline
½ cană suc de lămâie proaspăt stors
4 linguri otet de orez
Sare si piper negru dupa gust
1 frunze de dafin
1 lingura condimente Old Bay
2 catei de usturoi, feliati foarte subtiri
1 kilogram de creveți devenați
½ ceapă galbenă, tăiată în felii subțiri

Directii

Pregătiți o baie de apă și puneți Sous Vide în ea. Setați la 149 F.

Încinge o cratiță la foc mediu și prăjește semințele de muștar, fulgii de ardei roșu, țelina, fenicul și semințele de coriandru. Gătiți până când apare. Se lasa deoparte si se lasa sa se raceasca.

Într-un borcan de conserve se toarnă uleiul de măsline, sucul de lămâie, condimentele prăjite, piper negru, oțet de orez, foi de dafin, căței de usturoi și condimente. Sigilați și scufundați borcanele în baia de apă. Gatiti 30 de minute.

Odată ce cronometrul s-a oprit, scoateți borcanele și lăsați să se răcească timp de 5 minute. Transferați într-o baie de apă cu gheață pentru răcire. Dam la frigider 2 ore inainte de servire.

Risotto de homar cu brânză delicios

Timp de pregătire + gătire: 55 minute | Porții: 4

Ingrediente

1 homar înalt, fără coajă
Sare si piper negru dupa gust
6 linguri de unt
2½ căni de supă de pui
¾ cană de orez Arborio
2 linguri vin rosu
¼ cană brânză Grana Padano rasă
2 arpagic tocat

Directii

Pregătiți o baie de apă și puneți Sous Vide în ea. Setați la 138 F. Condimentați homarul cu sare și piper și puneți-l într-o pungă care se închide în vid cu 3 linguri de unt. Eliberați aerul prin metoda deplasării apei, sigilați și scufundați punga în baia de apă. Gatiti 25 de minute.

Încinge 3 linguri de unt într-o tigaie la foc mediu și gătește orezul. Se amestecă 1/4 cană de supă de pui. Continuați să gătiți până când bulionul se evaporă. Mai adăugați 1/4 cană de supă de pui. Repetați procesul timp de 15 minute până când orezul devine cremos.

Odată ce cronometrul s-a oprit, scoateți homarul și tăiați în mușcături. Adauga homarul la orez. Se amestecă bulionul de pui rămas și vinul roșu. Gatiti pana se absoarbe lichidul. Acoperiți cu brânză Grana Padano și asezonați cu sare și piper. Se ornează cu arpagic și mai multă brânză.

Aripioare de pui dulci și acrișori

Timp de pregătire + gătire: 2 ore și 15 minute | Porții: 2

Ingrediente

12 aripioare de pui
Sare si piper negru dupa gust
1 cana amestec de pui prajit
½ cană apă
½ cană sos tamari
½ ceapă tocată
5 catei de usturoi, tocati
2 lingurițe pudră de ghimbir
2 linguri de zahăr brun
¼ cană mirin
Seminte de susan pentru garnitura
Pasta de amidon de porumb (amestecat 1 lingura de amidon de porumb si 2 linguri de apa)
Ulei de măsline pentru prăjit

Directii

Pregătiți o baie de apă și puneți Sous Vide în ea. Setați la 147 F.

Puneți aripioarele de pui într-o pungă care se etanșează în vid și asezonați cu sare și piper. Eliberați aerul prin metoda deplasării apei, sigilați și scufundați punga în baia de apă. Gatiti 2 ore. Odată ce temporizatorul s-a oprit, scoateți punga. Încinge o tigaie cu ulei.

Într-un castron, combinați 1/2 cană de amestec pentru prăjiți și 1/2 cană de apă. Turnați amestecul de prăjiți rămas într-un alt bol. Înmuiați aripioarele în amestecul umed, apoi în amestecul uscat. Se prăjește timp de 1-2 minute până devine crocant și auriu.

Pentru sos se incinge o cratita si se toarna toate ingredientele; găteşte până când devine clocotită. Amestecați aripile. Acoperiți cu semințe de susan și serviți.

Piept de pui la citrice

Timp de pregătire + gătire: 3 ore | Porții: 2

Ingrediente

1½ lingurita suc de portocale proaspat stors

1½ lingurita suc de lamaie proaspat stors

1½ lingurita zahar brun

1 lingura Pernod

1 lingura ulei de masline

1 lingura cereale integrale

1 linguriță de semințe de țelină

Sarat la gust

¾ lingurita piper negru

2 piept de pui, cu desos, pe piele

1 fenicul, tăiat, feliat

2 clementine, nedecojite și tăiate felii

Mărar tocat

Directii

Pregătiți o baie de apă și puneți Sous Vide în ea. Setați la 146 F.

Combinați într-un castron sucul de lămâie, sucul de portocale, Pernod, uleiul de măsline, semințele de țelină, zahărul brun, muștarul, sare și piper. Amesteca bine. Puneți pieptul de pui, clementina feliată și feniculul feliat într-o pungă care se sigilează în vid. Adăugați amestecul de portocale. Eliberați aerul prin metoda deplasării apei, sigilați și scufundați punga în baia de apă. Gatiti 2 ore si 30 de minute. Odată ce cronometrul s-a oprit, scoateți punga și transferați conținutul într-un bol. Scurgeți puiul și puneți sucurile de gătit într-o cratiță încălzită.

Fierbeți aproximativ 5 minute, până când devine clocotită. Scoateți și puneți în pui. Gatiti 6 minute pana se rumenesc. Serviți puiul pe un platou și glazurați cu sos. Se ornează cu mărar și frunze de fenicul.

Pui umplut cu anghinare

Timp de pregătire + gătire: 3 ore și 15 minute | Porții: 6

Ingrediente:

2 kg file de piept de pui, tăiat fluture
½ cană de spanac baby tocat
8 catei de usturoi, macinati
10 inimioare de anghinare
Sare si piper alb dupa gust
4 linguri ulei de masline

Directii:

Combinați anghinarea, ardeiul și usturoiul într-un robot de bucătărie. Amestecați până la omogenizare completă. Pulsați din nou și adăugați treptat ulei până se încorporează bine.

Umpleți fiecare piept cu cantități egale de amestec de anghinare și spanac tocat. Îndoiți fileul de piept înapoi împreună și fixați marginea cu o frigărui de lemn. Se condimentează cu sare și piper alb și se transferă într-o pungă separată care se sigilează în vid. Sigilați pungile și gătiți în Sous Vide timp de 3 ore la 149 F.

Wrap crocant de pui cu bacon

Timp de pregătire + gătire: 3 ore și 15 minute | Porții: 2

Ingrediente

1 piept de pui
2 fasii de panceta
2 linguri muștar de Dijon
1 lingură brânză Pecorino Romano rasă

Directii

Pregătiți o baie de apă și puneți Sous Vide în ea. Setați la 146 F. Combinați puiul cu sare. Marinată cu muștar de Dijon pe ambele părți. Acoperiți cu brânză Pecorino Romano și înfășurați pancetta în jurul puiului.

Puneți într-o pungă sigilabilă în vid. Eliberați aerul prin metoda deplasării apei, sigilați și scufundați punga în baia de apă. Gatiti 3 ore. Odată ce cronometrul s-a oprit, scoateți puiul și uscați-l. Se încălzește o tigaie la foc mediu și se prăjește până devine crocantă.

Pui cu roșii uscate la soare

Timp de pregătire + gătire: 1 oră 15 minute | Porții: 3

Ingrediente:

1 kg piept de pui, fără piele și dezosat
½ cană de roșii uscate la soare
1 lingurita miere cruda
2 linguri suc proaspăt de lămâie
1 lingura de menta proaspata, tocata marunt
1 lingură eșalotă tocată
1 lingura ulei de masline
Sare si piper negru dupa gust

Directii:

Clătiți pieptul de pui sub jet de apă rece și uscați cu o hârtie de bucătărie. Pus deoparte.

Într-un castron mediu, combinați sucul de lămâie, mierea, menta, eșalota, uleiul de măsline, sare și piper. Se amestecă până se încorporează bine. Adăugați pieptul de pui și roșiile uscate la soare. Agitați pentru a acoperi totul bine. Transferați totul într-o pungă mare care se sigilează în vid. Apăsați punga pentru a elimina aerul și a sigila capacul. Gatiti en Sous Vide timp de 1 ora la 167 F. Scoateti din baia de apa si serviti imediat.

Pui de legume cu sos de soia.

Timp de pregătire + gătire: 6 ore 25 minute | Porții: 4

Ingrediente

1 pui întreg cu oase, împletit
1 litru de supă de pui cu conținut scăzut de sodiu
2 linguri sos de soia
5 crengute de salvie proaspata
2 frunze de dafin uscate
2 căni de morcovi tăiați felii
2 căni de țelină feliată
½ oz ciuperci uscate
3 linguri de unt

Directii

Pregătiți o baie de apă și puneți Sous Vide în ea. Setați la 149 F.

Combinați sosul de soia, supa de pui, ierburile, legumele și puiul. Puneți într-o pungă sigilabilă în vid. Eliberați aerul prin metoda deplasării apei, sigilați și scufundați punga în baia de apă. Gatiti timp de 6 ore.

Odată ce cronometrul s-a oprit, scoateți puiul și scurgeți legumele. Se usucă cu o foaie de copt. Se condimentează cu ulei de măsline, sare și piper. Încinge cuptorul la 450 F. și coace timp de 10 minute. Într-o cratiță, amestecați sucurile de gătit. Se ia de pe foc si se amesteca cu untul. Taiati puiul fara piele si asezonati cu sare kosher si piper negru macinat. Serviți într-un platou. Top cu sosul.

Salată de pui în stil chinezesc cu alune

Timp de pregătire + gătire: 1 oră 50 de minute | Porții: 4

Ingrediente

4 piept de pui mari, fără piele și dezosat

Sare si piper negru dupa gust

¼ cană miere

¼ cană sos de soia

3 linguri de unt de arahide, topit

3 linguri ulei de susan

2 linguri ulei vegetal

4 linguri otet

½ lingurita boia afumata

1 cap de salată iceberg, ruptă

3 ceai, tocat

¼ cană alune tăiate, prăjite

¼ cană semințe de susan, prăjite

2 cesti fasii wonton

Directii

Pregătiți o baie de apă și puneți Sous Vide în ea. Setați la 152 F.

Combinați puiul cu sare și piper și puneți-l într-o pungă care se sigilează în vid. Eliberați aerul prin metoda deplasării apei, sigilați și scufundați punga în baia de apă. Gatiti 90 de minute.

Între timp, combinați mierea, sosul de soia, untul de arahide, uleiul de susan, uleiul vegetal, oțetul și boia de ardei. Se amestecă până se omogenizează. Se lasa sa se raceasca in frigider.

Odată ce cronometrul s-a oprit, scoateți puiul și uscați-l cu un prosop de bucătărie. Aruncați sucurile de gătit. Tăiați puiul în felii mici și transferați-l într-un castron de salată. Se adauga salata verde, ceapa si alunele. Top cu dressing. Se ornează cu semințe de susan și fâșii de wonton.

Prânz cu pui cu boia

Timp de pregătire + gătire: 1 oră 15 minute | Porții: 2

Ingrediente

1 piept de pui dezosat, tăiat la jumătate
Sare si piper negru dupa gust
Piper dupa gust
1 lingura boia
1 lingura praf de usturoi

Directii

Pregătiți o baie de apă și puneți Sous Vide în ea. Setați la 149 F. Scurgeți puiul și uscați-l cu o foaie de copt. Se condimentează cu pudră de usturoi, boia de ardei, piper și sare. Puneți într-o pungă sigilabilă în vid. Eliberați aerul prin metoda deplasării apei, etanșați și scufundați-l în baia de apă. Gatiti 1 ora. Odată ce cronometrul s-a oprit, scoateți puiul și serviți.

Tocană de pui cu rozmarin

Timp de pregătire + gătire: 4 ore și 15 minute | Porții: 2

Ingrediente

2 pulpe de pui
6 catei de usturoi, macinati
¼ linguriță piper negru întreg
2 foi de dafin
¼ cană sos de soia închis
¼ cană oțet alb
1 lingura rozmarin

Directii

Pregătiți o baie de apă și puneți Sous Vide în ea. Setați la 165 F. Combinați pulpele de pui cu toate ingredientele. Puneți într-o pungă sigilabilă în vid. Eliberați aerul prin metoda deplasării apei, etanșați și scufundați-l în baia de apă. Gatiti timp de 4 ore.

Odată ce cronometrul s-a oprit, scoateți puiul, aruncați foile de dafin și rezervați sucurile de gătit. Se încălzește ulei de canola într-o tigaie la foc mediu și se prăjește puiul. Adăugați sucurile de gătit și gătiți până când obțineți consistența dorită. Filtrați sosul și puneți deasupra puiului.

Pui crocant cu ciuperci

Timp de pregătire + gătire: 1 oră 15 minute | Porții: 4

Ingrediente

4 piept de pui dezosat
1 cană pesmet panko
1 kilogram de ciuperci Portobello feliate
Bucheță mică de cimbru
2 oua
Sare si piper negru dupa gust
Ulei de canola dupa gust

Directii

Pregătiți o baie de apă și puneți Sous Vide în ea. Setați la 149 F.

Puneți puiul într-o pungă care se etanșează în vid. Se condimentează cu sare și cimbru. Eliberați aerul prin metoda deplasării apei, etanșați și scufundați-l în baia de apă. Gatiti 60 de minute.

Între timp, încălziți o tigaie la foc mediu. Gatiti ciupercile pana cand apa se evapora. Adăugați 3-4 crenguțe de cimbru. Asezonați cu sare și piper. Odată ce temporizatorul s-a oprit, scoateți punga.

Încinge o tigaie cu ulei la foc mediu. Se amestecă panko cu sare și piper. Puneti puiul in panko mix. Se prăjește 1-2 minute pe fiecare parte. Serviți cu ciuperci.

Dish de pui cu ierburi cu dovlecei

Timp de pregătire + gătire: 1 oră 15 minute | Porții: 2

Ingrediente

6 muschi de pui

4 căni de dovleac, tăiați cubulețe și prăjiți

4 cesti de salata verde rucola

4 linguri migdale feliate

Suc de 1 lămâie

2 linguri ulei de masline

4 linguri ceapa rosie, tocata

1 lingura boia

1 lingura turmeric

1 lingura chimen

Sarat la gust

Directii

Pregătiți o baie de apă și puneți Sous Vide în ea. Setați la 138 F.

Puneți puiul și toate condimentele într-o pungă care se închide în vid. Eliberați aerul prin metoda deplasării apei, etanșați și scufundați-l în baia de apă. Gatiti 60 de minute.

Odată ce cronometrul s-a oprit, scoateți punga și transferați puiul într-o tigaie fierbinte. Se prăjește timp de 1 minut pe fiecare parte. Într-un bol, combinați ingredientele rămase. Serviți puiul cu salata.

Pui cu coriandru cu sos de unt de arahide

Timp de pregătire + gătire: 1 oră 40 de minute | Porții: 2

Ingrediente

4 piept de pui

1 pungă salată mixtă

1 buchet coriandru

2 castraveți

2 morcovi

1 pachet de ambalaje wonton

Ulei pentru prajit

¼ cană unt de arahide

Suc de 1 lime

2 linguri coriandru tocat

3 catei de usturoi

2 linguri de ghimbir proaspăt

½ cană apă

2 linguri otet alb

1 lingura sos de soia

1 lingurita sos de peste

1 lingurita ulei de susan

3 linguri ulei de canola

Directii

Pregătiți o baie de apă și puneți Sous Vide în ea. Setați la 149 F. Asezonați puiul cu sare și piper și puneți-l într-o pungă care se etanșează în vid. Eliberați aerul prin metoda deplasării apei, sigilați și scufundați punga în baia de apă. Gatiti 60 de minute. Tăiați castraveții, coriandru și morcovi și combinați cu salata-

Se încălzește o oală la 350 F. și se umple cu ulei. Tăiați împachetările wonton în bucăți și prăjiți până devin crocante. Într-un robot de bucătărie, puneți untul de arahide, sucul de lămâie, ghimbir proaspăt, coriandru, apă, oțet alb, sos de pește, sos de soia, susan și ulei de canola. Se amestecă până la omogenizare.

Odată ce cronometrul se termină, scoateți puiul și transferați-l într-o tigaie fierbinte. Se prăjește timp de 30 de secunde pe fiecare parte. Se amestecă fâșiile de wonton cu salata. Tăiați puiul. Serviți deasupra salatei. Stropiți cu dressing.

Tocană de pui și praz

Timp de pregătire + gătire: 70 de minute | Porții: 4

Ingrediente

6 piept de pui fara piele
Sare si piper negru dupa gust
3 linguri de unt
1 praz mare, feliat transversal
½ cană panko
2 linguri patrunjel tocat
1 oz brânză Cooundy Jack
1 lingura ulei de masline

Directii

Pregătiți o baie de apă și puneți Sous Vide în ea. Setați la 146 F.

Puneți pieptul de pui într-o pungă care se etanșează în vid. Asezonați cu sare și piper. Eliberați aerul prin metoda deplasării apei, etanșați și scufundați-l în baia de apă. Gatiti 45 de minute.

Între timp, încălziți o tigaie la foc mare cu unt și fierbeți prazul. Asezonați cu sare și piper. Amesteca bine. Se reduce focul și se lasă la fiert 10 minute.

Încinge o tigaie la foc mediu cu unt şi adaugă panko. Gatiti pana se prajeste. Transferaţi într-un bol şi combinaţi cu brânză cheddar şi pătrunjel tocat. Odată ce cronometrul s-a oprit, îndepărtaţi sânii şi uscaţi. Se incinge o tigaie la foc mare cu ulei de masline si se caleste puiul 1 minut pe fiecare parte. Se serveste peste praz si se orneaza cu panko mix.

Pulpe de pui cu muştar

Timp de pregătire + gătire: 2 ore şi 30 de minute | Porţii: 4

Ingrediente

4 pulpe întregi de pui
Sare si piper negru dupa gust
2 linguri ulei de masline
2 salote, feliate subtiri
3 catei de usturoi, feliati subtiri
½ cană de vin alb sec
1 cană bulion de pui
¼ cană muştar integral
1 cană de smântână jumătate şi jumătate
1 lingurita turmeric
2 linguri tarhon proaspat, tocat
1 lingura de cimbru proaspat, tocat

Directii

Pregătiţi o baie de apă şi puneţi Sous Vide în ea. Setaţi la 172 F. Asezonaţi puiul cu sare şi piper. Încinge ulei de măsline într-o tigaie la foc mare şi prăjeşte pulpele de pui timp de 5-7 minute. Pus deoparte.

În aceeași tigaie adăugați eșalota și usturoiul. Gătiți 5 minute. Adăugați vin alb și gătiți timp de 2 minute până când bule. Scoateți și turnați supa de pui și muștarul.

Combinați sosul de muștar cu puiul și puneți-l într-o pungă care se etanșează în vid. Eliberați aerul prin metoda deplasării apei, etanșați și scufundați-l în baia de apă. Gatiti 2 ore.

Odată ce cronometrul s-a oprit, scoateți punga, rezervați puiul și separați lichidele de gătit. Într-o cratiță încălzită puneți lichidele de gătit și jumătate de smântână. Gatiti pana cand se evapora pe jumatate. Luați de pe foc și combinați tarhonul, turmericul, cimbru și pulpele de pui. Amesteca bine. Se condimentează cu sare și piper și se servește.

Salată de pui cu brânză cu năut

Timp de pregătire + gătire: 1 oră 30 de minute | Porții: 2

Ingrediente

6 muschii din piept de pui, dezosati, fara piele
4 linguri ulei de masline
2 linguri sos iute
1 lingurita chimen macinat
1 lingurita zahar brun deschis
1 lingurita scortisoara macinata
Sare si piper negru dupa gust
1 cutie de năut scurs
½ cană brânză feta mărunțită
½ cană de brânză queso fresca mărunțită
½ cană busuioc rupt
½ cană de mentă proaspăt ruptă
4 linguri de nuci de pin, prajite
2 linguri de miere
2 linguri de suc de lamaie proaspat stors

Directii

Pregătiți o baie de apă și puneți Sous Vide în ea. Setați la 138 F. Puneți pieptul de pui, 2 linguri de ulei de măsline, sos iute, zahăr brun, chimen și scorțișoară într-o pungă care se sigilează în vid. Asezonați cu sare și piper. Eliberați aerul prin metoda deplasării apei, sigilați și scufundați punga în baia de apă. Gatiti 75 de minute.

Între timp, combinați într-un castron năutul, busuiocul, queso fresco, menta și nucile de pin. Se toarnă miere, suc de lămâie și 2 linguri de ulei de măsline. Asezonați cu sare și piper. Odată ce cronometrul s-a oprit, scoateți puiul și tăiați bucăți. Aruncați sucurile de gătit. Amestecați salata și puiul, amestecați bine și serviți.

Pui cu brânză în straturi

Timp de pregătire + gătire: 60 de minute | Porții: 2

Ingrediente

2 piept de pui, dezosat, fara piele
Sare si piper negru dupa gust
2 linguri de unt
4 căni de salată verde
1 roșie mare, feliată
1 oz brânză cheddar, feliată
2 linguri ceapa rosie, taiata cubulete
Frunze de busuioc proaspăt
1 lingura ulei de masline
2 felii de lamaie pentru servire

Directii

Pregătiți o baie de apă și puneți Sous Vide în ea. Setați la 146 F.

Puneți puiul într-o pungă care se etanșează în vid. Asezonati cu sare și piper. Eliberați aerul prin metoda deplasării apei, sigilați și scufundați punga în baia de apă. Gatiti 45 de minute.

Odată ce cronometrul s-a oprit, scoateți puiul și aruncați sucurile de gătit. Încinge o tigaie la foc mare cu unt. Se prăjește puiul până se rumenește. Transferați pe o farfurie de servire. Pune salata verde printre pui și deasupra cu roșii, ceapă roșie, brânză cheddar și busuioc. Stropiți cu ulei de măsline, sare și piper. Serviți cu felii de lămâie.

Pui în stil chinezesc

Timp de pregătire + gătire: 1 oră 35 minute | Porții: 6

Ingrediente

1½ kg piept de pui, dezosat și fără piele
¼ cana ceapa, tocata marunt
2 linguri de sos Worcestershire
1 lingura miere
1 lingurita ulei de susan
1 catel de usturoi, tocat
¾ linguriță pudră chinezească cu cinci condimente

Directii

Pregătiți o baie de apă și puneți Sous Vide în ea. Setați la 146 F.

Puneți puiul, ceapa, mierea, sosul Worcestershire, uleiul de susan, usturoiul și cinci condimente într-o pungă care se sigilează în vid. Eliberați aerul prin metoda deplasării apei, sigilați și scufundați punga în baia de apă. Gatiti 75 de minute. Încinge o tigaie la foc mediu. Odată ce cronometrul s-a oprit, scoateți punga și puneți-o în tigaie. Se caleste timp de 5 minute pana devine maro auriu. Tăiați puiul în medalioane.

Chiftele de pui cu oregano

Timp de pregătire + gătire: 2 ore și 20 de minute | Porții: 4

Ingrediente

1 kilogram de pui măcinat

1 lingura ulei de masline

2 catei de usturoi, tocati

1 lingurita oregano proaspat, tocat

Sarat la gust

1 lingura chimen

½ linguriță coaja de lămâie rasă

½ lingurita piper negru

¼ cană pesmet panko

Roți de lămâie

Directii

Pregătiți o baie de apă și puneți Sous Vide în ea. Setați la 146 F. Combinați într-un castron puiul măcinat, usturoiul, uleiul de măsline, oregano, coaja de lămâie, chimenul, sare și piper. Cu mâinile, faceți cel puțin 14 chiftele. Puneți chiftelele într-o pungă care se sigilează în vid. Eliberați aerul prin metoda deplasării apei, sigilați și scufundați punga în baia de apă. Gatiti 2 ore.

Odată ce cronometrul s-a oprit, scoateți punga și transferați chiftelele pe o tavă de copt, tapetată cu folie. Încingeți o tigaie la foc mediu și prăjiți chiftelele timp de 7 minute. Acoperiți cu felii de lămâie.

Găină Cornish încărcată cu orez și fructe de pădure

Timp de pregătire + gătire: 4 ore și 40 de minute | Porții: 2

Ingrediente

2 găini întregi din Cornish
4 linguri de unt plus 1 lingura in plus
2 cani de ciuperci shitake, feliate subtiri
1 cană de praz, tăiat mărunt
¼ cană nuci pecan, tocate
1 lingura de cimbru proaspat, tocat
1 cană de orez sălbatic fiert
¼ cană de afine uscate
1 lingura miere

Directii

Pregătiți o baie de apă și puneți Sous Vide în ea. Setați la 149 F.

Încingeți 4 linguri de unt într-o tigaie la foc mediu, odată topit adăugați ciupercile, cimbru, praz și nuci pecan. Gatiti 5-10 minute. Pune orez și merișoare. Se ia de pe foc. Lăsați să se răcească timp de 10 minute. Umpleți cavitățile găinii cu amestecul. Strângeți picioarele.

Puneți găinile într-o pungă care se sigilează în vid. Eliberați aerul prin metoda deplasării apei, sigilați și scufundați punga în baie. Gatiti timp de 4 ore. Încinge o tigaie la foc mare. Într-un castron, combinați mierea și 1 lingură de unt topit. Se toarnă peste găini. Se prăjesc găinile timp de 2 minute și se servesc.

Pui Rulate Chessy

Timp de pregătire + gătire: 1 oră 45 minute | Porții: 2

Ingrediente

1 piept de pui

¼ cană cremă de brânză

¼ cană de ardei roșu prăjit tăiat juliană

½ cană de rucola ambalată lejer

6 felii de prosciutto

Sare si piper negru dupa gust

1 lingura ulei

Directii

Pregătiți o baie de apă și puneți Sous Vide în ea. Setați la 155 F. Scurgeți puiul și bateți-l până devine puțin gros. Apoi taiati la jumatate si asezonati cu sare si piper. Întindeți 2 linguri de cremă de brânză și adăugați deasupra ardei roșu prăjit și rucola.

Rulați sânii ca sushi și puneți 3 straturi de prosciutto și rulați sânii. Puneți într-o pungă sigilabilă în vid. Eliberați aerul prin metoda deplasării apei, etanșați și scufundați-l în baia de apă. Gatiti 90 de minute. Odată ce cronometrul s-a oprit, scoateți puiul din pungă și prăjiți. Tăiați felii mici și serviți.

Salată de pui şi mazăre cu mentă

Timp de pregătire + gătire: 1 oră 30 de minute | Porţii: 2

Ingrediente

6 muschii din piept de pui, dezosati
4 linguri ulei de masline
Sare si piper negru dupa gust
2 căni de mazăre de zăpadă, albită
1 cană de mentă, proaspăt ruptă
½ cană de brânză queso fresca mărunţită
1 lingura suc de lamaie proaspat stors
2 linguri de miere
2 linguri otet de vin rosu

Directii

Pregătiţi o baie de apă şi puneţi Sous Vide în ea. Setaţi la 138 F.

Pune puiul cu ulei de măsline într-o pungă care se închide în vid. Asezonaţi cu sare şi piper. Eliberaţi aerul prin metoda deplasării apei, sigilaţi şi scufundaţi punga în baia de apă. Gatiti 75 de minute.

Într-un castron, combinaţi mazărea, queso fresco şi menta. Se amestecă sucul de lămâie, oţetul de vin roşu, mierea şi 2 linguri de ulei de măsline. Asezonaţi cu sare şi piper.

Odată gata, scoateți puiul și tăiați în bucăți. Aruncați lichidele de gătit. Servi.

Pui cu ierburi cu sos de crema de ciuperci

Timp de pregătire + gătire: 4 ore și 15 minute | Porții: 2

Ingrediente

Pentru Pui

2 piept de pui dezosat fara piele

Sarat la gust

1 lingura marar

1 lingura turmeric

1 lingurita ulei vegetal

Pentru sos

3 salote tocate

2 catei de usturoi tocati

1 lingura ulei de masline

2 linguri de unt

1 cană ciuperci feliate

2 linguri de vin de porto

½ cană bulion de pui

1 cană brânză de capră

¼ lingurita piper negru crapat

Directii

Pregătiți o baie de apă și puneți Sous Vide în ea. Setați la 138 F. Puneți puiul asezonat cu sare și piper într-o pungă care se sigilează în vid. Eliberați aerul prin metoda deplasării apei, sigilați și scufundați punga în baia de apă. Gatiti timp de 4 ore.

Odată ce temporizatorul s-a oprit, scoateți punga și transferați-o într-o baie de gheață. Lasati sa se raceasca si sa se usuce. Pus deoparte. Se încălzește uleiul într-o tigaie la foc mare, se adaugă eșalota și se fierbe timp de 2-3 minute. Puneți unt, mărar, turmeric și usturoi, gătiți încă 1 minut. Adăugați ciupercile, vinul și bulionul. Gatiti 2 minute, apoi turnati crema. Continuați să gătiți până când sosul se îngroașă. Asezonați cu sare și piper. Încinge un grătar până se afumă. Ungeți puiul cu ulei și prăjiți timp de 1 minut pe fiecare parte. Top cu sosul.

Pui prăjit crocant

Timp de pregătire + gătire: 2 ore | Porții: 4

Ingrediente

8 pulpe de pui
Sare si piper negru dupa gust

<u>Pentru amestecul umed</u>
2 căni de lapte de soia
1 lingura suc de lamaie

<u>Pentru amestec uscat</u>
1 cană de făină
1 cană făină de orez
½ cană amidon de porumb
2 linguri boia de ardei
1 lingura de ghimbir
Sare si piper negru dupa gust

Directii

Pregătiți o baie de apă și puneți Sous Vide în ea. Setați la 154 F. Puneți puiul asezonat cu piper și sare într-o pungă care se sigilează în vid. Eliberați aerul prin metoda deplasării apei, etanșați și scufundați-l în baia de apă. Gatiti 1 ora.

Odată ce temporizatorul s-a oprit, scoateți punga. Lăsați să se răcească timp de 15 minute. Încinge o tigaie cu ulei peste 400-425 F. Într-un castron, combina laptele de soia și sucul de lămâie pentru a obține amestecul umed. Într-un alt castron, amestecați făina proteică, făina de orez, amidonul de porumb, ghimbirul, boia de ardei, sare și piper măcinat pentru a obține amestecul uscat.

Înmuiați puiul în amestecul uscat, apoi în amestecul umed. Repetați încă de 2-3 ori. Puneți într-un grătar de copt. Repetați procesul până când puiul s-a terminat. Prăjiți puiul timp de 3-4 minute. Dați deoparte, lăsați-le să se răcească 10-15 minute. Acoperiți cu felii de lămâie și sos.

Salata verde de pui cu migdale

Timp de pregătire + gătire: 95 minute | Porții: 2

Ingrediente

2 piept de pui, fara piele

Sare si piper negru dupa gust

1 cană migdale

1 lingura ulei de masline

2 linguri de zahar

4 chilis roșii, felii subțiri

1 cățel de usturoi, decojit

3 linguri sos de peste

2 linguri de suc de lamaie proaspat stors

1 cana coriandru, tocat

1 ceapă, feliată subțire

1 tulpină de lemongrass, doar partea albă, feliată

1 bucată de ghimbir de 2 inchi, tăiat julianã

Directii

Pregătiți o baie de apă și puneți Sous Vide în ea. Setați la 138 F. Puneți puiul asezonat cu sare și piper într-o pungă care se sigilează în vid. Eliberați aerul prin metoda deplasării apei, sigilați și scufundați punga în baia de apă. Gatiti 75 de minute.

După 60 de minute, încălziți uleiul de măsline într-o cratiță la 350 F. Prăjiți migdalele timp de 1 minut până se usucă. Aluați zahărul, usturoiul și chili. Se toarnă sosul de pește și zeama de lămâie.

Odată gata, scoateți punga și lăsați să se răcească. Tăiați puiul în mușcături și puneți-l într-un castron. Se toarnă dressingul și se amestecă bine. Adăugați coriandru, ghimbir, iarbă de lămâie și migdale prăjite. Se ornează cu chili și se servește.

Pui cu nucă de cocos cu lapte

Timp de pregătire + gătire: 75 minute | Porții: 2

Ingrediente

2 piept de pui
4 linguri lapte de cocos
Sare si piper negru dupa gust

Pentru sos
4 linguri sos satay
2 linguri lapte de cocos
O strop de sos tamari

Directii

Pregătiți o baie de apă și puneți Sous Vide în ea. Setați la 138 F.

Pune puiul într-o pungă care se etanșează în vid și asezonează cu sare și piper. Adăugați 4 linguri de lapte. Eliberați aerul prin metoda deplasării apei, sigilați și scufundați punga în baia de apă. Gatiti 60 de minute.

Odată ce temporizatorul s-a oprit, scoateți punga. Combinați ingredientele sosului și puneți la microunde timp de 30 de secunde. Tăiați puiul. Serviți într-o farfurie și glazurați cu sosul.

Bacon și pui în stil roman

Timp de pregătire + gătire: 1 oră 40 de minute | Porții: 4

Ingrediente

4 piepti mici de pui, dezosati, fara piele

8 frunze de salvie

4 bucăți de slănină feliată subțire

Piper negru după gust

1 lingura ulei de masline

2 oz brânză fontina rasă

Directii

Pregătiți o baie de apă și puneți Sous Vide în ea. Setați la 146 F. Asezonați puiul cu sare și piper. Deasupra cu 2 frunze de salvie si 1 felie de bacon. Puneți-le într-o pungă sigilabilă în vid. Eliberați aerul prin metoda deplasării apei, sigilați și scufundați punga în baia de apă. Gatiti 90 de minute.

Odată ce cronometrul s-a oprit, scoateți punga și uscați. Încinge uleiul într-o tigaie la foc mare și călește puiul timp de 1 minut. Întoarceți puiul și acoperiți cu 1 lingură de brânză fontina. Acoperiți tigaia și lăsați brânza să se topească. Serviți pe un platou puiul și ornat cu frunze de salvie.

Roșii cherry, avocado și salată de pui

Timp de pregătire + gătire: 1 oră 30 de minute | Porții: 2

Ingrediente

1 piept de pui

1 avocado, feliat

10 bucăți de roșii cherry tăiate în jumătate

2 cani de salata verde tocata

2 linguri ulei de masline

1 lingura suc de lamaie

1 cățel de usturoi, zdrobit

Sare si piper negru dupa gust

2 linguri sirop de artar

Directii

Pregătiți o baie de apă și puneți Sous Vide în ea. Setați la 138 F. Puneți puiul într-o pungă care se etanșează în vid. Asezonați cu sare și piper. Eliberați aerul prin metoda deplasării apei, sigilați și scufundați punga în baia de apă. Gatiti 75 de minute.

Odată ce cronometrul s-a oprit, scoateți puiul. Încinge uleiul într-o tigaie la foc mediu. Se prăjesc sânii timp de 30 de secunde și se feliază. Într-un castron, combinați usturoiul, sucul de lămâie, siropul de arțar și uleiul de măsline. Adăugați salată verde, roșii cherry și avocado. Amesteca bine. Așezați salata și acoperiți cu pui.

Pui Chili

Timp de pregătire + gătire: 2 ore și 15 minute | Porții: 2

Ingrediente

4 pulpe de pui

2 linguri ulei de masline

Sare si piper negru dupa gust

1 cățel de usturoi, zdrobit

3 linguri sos de peste

¼ cană suc de lămâie

1 lingura zahar

3 linguri busuioc, tocat

3 linguri coriandru, tocat

2 ardei iute roșu (fără semințe), tocat

1 lingura sos dulce chili

1 lingura sos chili verde

Directii

Pregătiți o baie de apă și puneți Sous Vide în ea. Setați la 149 F. Rulați puiul în folie alimentară și lăsați-l să se răcească. Puneți într-o pungă care se închide în vid cu ulei de măsline, sare și piper. Eliberați aerul prin metoda deplasării apei, sigilați și scufundați punga în baia de apă. Gatiti 2 ore.

Odată ce cronometrul s-a oprit, scoateți puiul și tăiați-l în 4-5 bucăți. Se încălzește uleiul vegetal într-o tigaie la foc mediu și se prăjește până devine crocant. Într-un bol, combinați toate ingredientele pentru dressing și puneți deoparte. Serviți puiul, asezonați cu sare și acoperiți cu dressing.

Aripioare de pui cu aromă de miere

Timp de pregătire + gătire: 135 minute | Porții: 2

Ingrediente

¾ lingurita sos de soia

¾ linguriță vin de orez

¾ linguriță miere

¼ linguriță cinci condimente

6 aripioare de pui

½ inch ghimbir proaspăt

buzdugan măcinat de ½ inch

1 catel de usturoi, tocat

Cepți tăiați felii pentru servire

Directii

Pregătiți o baie de apă și puneți Sous Vide în ea. Setați la 160 F.

Într-un castron, combinați sosul de soia, vinul de orez, mierea și cinci condimente. Puneți aripioarele de pui și usturoiul într-o pungă care se închide în vid. Eliberați aerul prin metoda deplasării apei, sigilați și scufundați punga în baia de apă. Gatiti 2 ore.

Odată ce cronometrul s-a oprit, scoateți aripioarele și transferați-le pe o tavă de copt. Se coace la cuptor timp de 5 minute la 380 F. Se serveste pe un platou si se orneaza cu ceapa taiata felii.

Pui verde curry cu și tăiței

Timp de pregătire + gătire: 3 ore | Porții: 2

Ingrediente

1 piept de pui, dezosat si fara piele
Sare si piper negru dupa gust
1 cutie (13,5 oz) lapte de cocos
2 linguri pasta de curry verde
1¾ cană bulion de pui
1 cană ciuperci shiitake
5 frunze de tei kaffir, rupte în jumătate
2 linguri sos de peste
1½ lingurita zahar
½ cană frunze de busuioc thailandez, mărunțite grosier
2 oz cuiburi de tăiței cu ou fierte
1 cană de coriandru, tocat grosier
1 cană muguri de fasole
2 linguri taitei prajiti
2 ardei iute roșii, tocate grosier

Directii

Pregătiți o baie de apă și puneți Sous Vide în ea. Setați la 138 F. Asezonați puiul cu sare și piper. Puneți-l într-o pungă sigilabilă în vid. Eliberați aerul prin metoda deplasării apei, sigilați și scufundați punga în baia de apă. Gatiti 90 de minute.

Au trecut 35 de minute, se încălzește o cratiță la foc mediu și se amestecă cu pasta de curry verde și jumătate de lapte de cocos. Gatiti 5-10 minute pana cand laptele de cocos incepe sa se ingroase. Adăugați bulionul de pui și restul de lapte de cocos. Gatiti 15 minute.

Se reduce focul și se adaugă frunze de lime kaffir, ciuperci shiitake, zahăr și sos de pește. Gatiti cel putin 10 minute. Se ia de pe foc si se adauga busuiocul.

Odată ce cronometrul s-a oprit, scoateți punga și lăsați să se răcească timp de 5 minute, apoi tăiați în felii mici. Serviți într-un bol cu supă sosul de curry, tăițeii fierți și puiul. Acoperiți cu muguri de fasole, coriandru, chilis și tăiței prăjiți.

Mini mușcături de pui pesto cu avocado

Timp de pregătire + gătire: 1 oră 40 de minute | Porții: 2

Ingrediente

1 piept de pui, dezosat, fara piele, fluture
Sare si piper negru dupa gust
1 lingura de salvie
3 linguri ulei de masline
1 lingura pesto
1 dovlecel, feliat
1 avocado
1 cană frunze de busuioc proaspăt

Directii

Pregătiți o baie de apă și puneți Sous Vide în ea. Setați la 138 F.

Bate pieptul de pui până se subțire. Se condimentează cu salvie, piper și sare. Puneți într-o pungă sigilabilă în vid. Adăugați 1 lingură de ulei și pesto. Eliberați aerul prin metoda deplasării apei, sigilați și scufundați punga în baia de apă. Gatiti 75 de minute. După 60 de minute, încălziți 1 lingură de ulei de măsline într-o tigaie la foc mare, adăugați dovleceii și ¼ de cană de apă. Gatiti pana se evapora apa. Odată ce cronometrul s-a oprit, scoateți puiul.

Încingeți uleiul de măsline rămas într-o tigaie la foc mediu și prăjiți puiul timp de 2 minute pe fiecare parte. Se lasa deoparte si se lasa sa se raceasca. Tăiați puiul în felii mici la fel ca dovleceii. Tăiați felii și avocado. Serviți puiul cu felii de avocado deasupra. Se ornează cu felii de dovlecel și busuioc.

Biluțe de pui cu brânză

Timp de pregătire + gătire: 1 oră 15 minute | Porții: 6

Ingrediente

1 kilogram de pui măcinat
2 linguri de ceapa, tocata marunt
¼ linguriță de usturoi pudră
Sare si piper negru dupa gust
2 linguri pesmet
1 ou
32 de cuburi mici de brânză mozzarella tăiate cubulețe
1 lingura de unt
3 linguri panko
½ cană sos de roșii
½ oz brânză Pecorino Romano rasă
Pătrunjel tocat

Directii

Pregătiți o baie de apă și puneți Sous Vide în ea. Setați la 146 F. Într-un castron, amestecați puiul, ceapa, sarea, pudra de usturoi, piperul și pesmetul condimentat. Adăugați oul și amestecați bine. Formați 32 de bile de mărime medie și umpleți cu un cub de brânză, asigurați-vă că amestecul acoperă bine brânza.

Puneți bilele într-o pungă care se etanșează în vid și lăsați să se răcească timp de 20 de minute. Apoi, eliberați aerul prin metoda de deplasare a apei, sigilați și scufundați punga în baia de apă. Gatiti 45 de minute.

Odată ce cronometrul s-a oprit, scoateți bilele. Topiți untul într-o tigaie la foc mare și adăugați panko. Gatiti pana se prajeste. De asemenea, gătiți sosul de roșii. Intr-un vas de servire asezam bilutele si glazuram cu sosul de rosii. Acoperiți cu panko și brânză. Se orneaza cu patrunjel.

Burgeri de curcan cu brânză

Timp de pregătire + gătire: 1 oră 45 minute | Porții: 6

Ingrediente

6 linguri ulei de masline
1½ kilograme de curcan măcinat
16 biscuiti cu crema, zdrobiti
2½ linguri patrunjel proaspat tocat
2 linguri busuioc proaspăt tocat
½ linguriță sos Worcestershire
½ lingurita sos de soia
½ linguriță pudră de usturoi
1 ou
6 chifle, prăjite
6 felii de roșii
6 frunze de salata romana
6 felii de brânză Monterey Jack

Directii

Pregătiți o baie de apă și puneți Sous Vide în ea. Setați la 148 F. Combinați curcanul, biscuiții, pătrunjelul, busuiocul, sosul de soia și pudra de usturoi. Adăugați oul și amestecați cu mâinile.

Într-o tavă de copt cu ardei ceară, cu amestecul se formează 6 chiftelușe și se așează. Acoperiți și transferați la frigider

Scoateți chiftelele din frigider și puneți-le în trei pungi care se etanșează în vid. Eliberați aerul prin metoda deplasării apei, sigilați și scufundați pungile în baia de apă. Gatiti 1 ora si 15 minute.

Odată ce cronometrul s-a oprit, scoateți chiftelele. Aruncați sucurile de gătit.

Încinge uleiul de măsline într-o tigaie la foc mare și pune chiftelele. Prăjiți timp de 45 de secunde pe fiecare parte. Așezați chiftelele peste chiflele prăjite. Acoperiți cu roșii, salată verde și brânză. Servi.

Curcan umplut cu bacon si nuci invelit in sunca

Timp de pregătire + gătire: 3 ore 45 minute | Porții: 6

Ingrediente

1 ceapa alba, tocata

3 linguri de unt

1 cană cuburi de bacon

4 linguri de nuci de pin

2 linguri de cimbru tocat

4 catei de usturoi, tocati

Coaja a 2 lămâi

4 linguri patrunjel tocat

¾ cană pesmet

1 ou, batut

4 lb piept de curcan dezosat, fluture

Sare si piper negru dupa gust

16 felii de sunca

Directii

Pregătiți o baie de apă și puneți Sous Vide în ea. Setați la 146 F.

Încingeți 2 linguri de unt într-o tigaie la foc mediu și căliți ceapa timp de 10 minute până se înmoaie. Pus deoparte. În aceeași tigaie, adăugați baconul și gătiți timp de 5 minute până se rumenesc. Se amestecă nucile de pin, cimbru, usturoiul și coaja de lămâie și se mai gătesc încă 2 minute. Se adauga patrunjel si se amesteca. Reveniți ceapa în tigaie, amestecați pesmetul și oul.

Scoateți curcanul și acoperiți-l cu folie de plastic. Cu un ciocan de carne bate-l până la grosime. Pune șunca într-o folie de aluminiu. Pune curcanul pe șuncă și zdrobește centrul pentru a crea o fâșie. Rulați curcanul strâns dintr-o parte în alta până când este complet învelit. Acoperiți cu folie de plastic și puneți-le într-o pungă sigilabilă cu vid. Eliberați aerul prin metoda deplasării apei, sigilați și scufundați punga în baia de apă. Gatiti 3 ore.

Odată ce cronometrul s-a oprit, scoateți curcanul și aruncați plasticul. Se încălzește untul rămas într-o tigaie la foc mediu și se pune pieptul. Se prăjește șunca timp de 45 de secunde pe fiecare parte. Rulați curcanul și mai puneți la foc 2-3 minute. Tăiați pieptul în medalioane și serviți.

Rulouri de tortilla cu salata Caesar cu curcan

Timp de pregătire + gătire: 1 oră 40 de minute | Porții: 4

Ingrediente

2 catei de usturoi, tocati
2 piept de curcan fără piele și dezosat
Sare si piper negru dupa gust
1 cană maioneză
2 linguri suc de lamaie proaspat stors
1 lingurita pasta de hamsii
1 lingură muștar de Dijon
1 lingurita sos de soia
4 căni de salată iceberg
4 tortilla

Directii

Pregătiți o baie de apă și puneți Sous Vide în ea. Setați la 152 F. Asezonați pieptul de curcan cu sare și piper și puneți-l într-o pungă sigilabilă în vid. Eliberați aerul prin metoda deplasării apei, sigilați și scufundați punga în baia de apă. Gatiti 1 ora si 30 de minute.

Combinați maioneza, usturoiul, sucul de lămâie, pasta de hamsii, muștarul, sosul de soia și restul de sare și piper. Se lasa sa se odihneasca la frigider. Odată ce cronometrul s-a oprit, scoateți curcanul și uscați. Tăiați curcanul. Amesteca salata verde cu dressingul rece. Turnați un sfert din amestecul de curcan în fiecare tortilla și pliați. Tăiați pe jumătate și serviți cu dressing.

Ruladă de curcan cu salvie

Timp de pregătire + gătire: 5 ore și 15 minute | Porții: 6

Ingrediente:

3 linguri ulei de masline
2 cepe galbene mici, tăiate cubulețe
2 tulpini de telina, taiate cubulete
3 linguri de salvie măcinată
2 coaja si suc de lamaie

3 căni de amestec de umplutură de curcan
2 căni de bulion de curcan sau pui
5 kilograme piept de curcan înjumătățit

Directii:

Pune o tigaie la foc mediu, adaugă ulei de măsline, ceapă și țelină. Se caleste timp de 2 minute. Adăugați sucul de lămâie, coaja și salvie până când sucul de lămâie scade.

Într-un castron, turnați amestecul de umplutură și adăugați amestecul de salvie fiartă. Amestecați cu mâinile. Adăugați în stoc, în timp ce amestecați cu mâna până când ingredientele se țin bine împreună și nu curg. Scoateți ușor pielea de curcan și puneți-o pe o folie de plastic. Scoateți oasele și aruncați.

Aşezaţi pieptul de curcan pe piele şi aşezaţi un al doilea strat de folie de plastic pe pieptul de curcan. Aplatizaţi-l la 1 - inch de grosime folosind un sucitor. Scoateţi folia de plastic de deasupra şi întindeţi umplutura pe curcanul turtit, lăsând spaţiu de ½ inch în jurul marginilor.

Începând de la partea îngustă, rulaţi curcanul ca un rulou de patiserie şi întindeţi pielea suplimentară pe curcan. Asiguraţi rulada cu sfoară de măcelar. Înfăşuraţi rulada de curcan în folie de plastic mai largă şi răsuciţi capetele pentru a fixa rulada, care ar trebui să formeze un cilindru strâns.

Puneţi ruloul într-o pungă care se etanşează cu vid, eliberaţi aerul şi sigilaţi punga. Se da la frigider pentru 40 de minute. Faceţi o baie de apă, puneţi Sous Vide în ea şi setaţi la 155 F. Puneţi rulada de curcan în baia de apă şi setaţi cronometrul pentru 4 ore.

Odată ce temporizatorul s-a oprit, scoateţi punga şi desigilaţi-o. Preîncălziţi cuptorul la 400 F, îndepărtaţi folia de plastic din curcan şi puneţi-l pe o tavă de copt cu pielea în sus. Se prăjeşte timp de 15 minute. Tăiaţi în rondele. Serviţi cu un sos cremos şi legume cu conţinut scăzut de carbohidraţi.

Piept de curcan cu cimbru

Timp de pregătire + gătire: 3 ore și 15 minute | Porții: 6

Ingrediente

1 jumatate de piept de curcan, dezosat cu piele
1 lingura ulei de masline
1 lingura sare de usturoi
1 lingura de cimbru
1 lingurita piper negru

Directii

Pregătiți o baie de apă și puneți Sous Vide în ea. Setați la 146 F.

Combinați pieptul de curcan, usturoiul, cimbru, sare și piper. Puneți-l într-o pungă sigilabilă în vid. Eliberați aerul prin metoda deplasării apei, sigilați și scufundați punga în baia de apă. Gatiti timp de 4 ore.

Odată ce cronometrul s-a oprit, scoateți punga și uscați cu o tavă de copt. Se încălzește o tigaie de fier la foc mare și se prăjește timp de 5 minute până devin aurii.

Chiftelute de curcan pesto burgeri

Timp de pregătire + gătire: 80 minute | Porții: 4

Ingrediente

1 kilogram de curcan măcinat
3 ceapă, tocate mărunt
1 ou mare, bătut
1 lingura pesmet
1 lingurita oregano uscat
1 lingura de cimbru
Sare si piper negru dupa gust
½ cană de pesto (plus 2 lingurițe în plus)
2 oz brânză mozzarella, ruptă în bucăți
4 chifle mari pentru hamburger

Directii

Pregătiți o baie de apă și puneți Sous Vide în ea. Setați la 146 F. Într-un castron, combinați curcanul, oul, pesmetul, ceaiul verde, cimbru și oregano. Asezonați cu sare și piper. Amesteca bine. Faceți cel puțin 8 bile și faceți o gaură în mijloc cu degetul mare. Umpleți fiecare cu 1/4 linguriță de pesto și 1/4 oz de brânză mozzarella. Asigurați-vă că carnea a acoperit umplutura.

Puneți-l într-o pungă sigilabilă în vid. Eliberați aerul prin metoda deplasării apei, sigilați și scufundați punga în baia de apă. Gatiti 60 de minute. Odată ce cronometrul s-a oprit, scoateți bilele și uscați-le cu foi de copt. Încinge o tigaie la foc mediu și gătește 1/2 cană de pesto. Adăugați chiftele și amestecați bine. Puneți în fiecare chiflă de hamburger 2 chifteluțe.

Piept de curcan cu nuci pecan

Timp de pregătire + gătire: 2 ore și 15 minute | Porții: 6

Ingrediente:

2 kg piept de curcan, feliat subțire

1 lingura coaja de lamaie

1 cană nuci pecan, tocate mărunt

1 lingura de cimbru, tocat marunt

2 catei de usturoi, macinati

2 linguri patrunjel proaspat, tocat marunt

3 cesti supa de pui

3 linguri ulei de masline

Directii:

Clătiți carnea sub jet de apă rece și scurgeți-o într-o strecurătoare. Se freacă cu coaja de lămâie și se transferă într-o pungă mare care se sigilează în vid împreună cu bulion de pui. Gatiti en Sous Vide timp de 2 ore la 149 F. Scoateti din baia de apa si puneti deoparte.

Încălziți ulei de măsline într-o tigaie de mărime medie și adăugați usturoi, nuci pecan și cimbru. Se amestecă bine și se fierbe timp de 4-5 minute. La final, adaugă pieptul de pui în tigaie și rumenește scurt pe ambele părți. Serviți imediat.

Mâncare de curcan cu condimente

Timp de pregătire + gătire: 14 ore și 15 minute | Porții: 4

Ingrediente

1 pulpă de curcan
1 lingura ulei de masline
1 lingura sare de usturoi
1 lingurita piper negru
3 crengute de cimbru
1 lingura rozmarin

Directii

Pregătiți o baie de apă și puneți Sous Vide în ea. Setați la 146 F. Asezonați curcanul cu usturoi, sare și piper. Puneți-l într-o pungă sigilabilă în vid.

Eliberați aerul prin metoda deplasării apei, sigilați și scufundați punga în baie. Gatiti 14 ore. Odată gata, îndepărtați picioarele și uscați.

Curcan în sos de portocale

Timp de pregătire + gătire: 75 minute | Porții: 2

Ingrediente:

1 kg piept de curcan, fără piele și fără os
1 lingura de unt
3 linguri suc proaspăt de portocale
½ cană bulion de pui
1 lingurita piper Cayenne
Sare si piper negru dupa gust

Directii:

Clătiți pieptul de curcan sub jet de apă rece și uscați. Pus deoparte.

Într-un castron mediu, combinați sucul de portocale, supa de pui, piperul Cayenne, sare și piper. Se amestecă bine și se pune carnea în această marinadă. Se da la frigider pentru 20 de minute.

Acum, puneți carnea împreună cu marinada într-o pungă mare care se sigilează în vid și gătiți în Sous Vide timp de 40 de minute la 122 F.

Într-o cratiță medie antiaderentă, topește untul la o temperatură ridicată. Scoateți carnea din pungă și adăugați-o în cratiță. Se prajesc 2 minute si se iau de pe foc.

Pulpe de curcan cu cimbru și rozmarin

Timp de pregătire + gătire: 8 ore și 30 de minute | Porții: 4

Ingrediente

5 linguri de unt, topit

10 catei de usturoi, tocati

2 linguri rozmarin uscat

1 lingura chimen

1 lingura de cimbru

2 pulpe de curcan

Directii

Pregătiți o baie de apă și puneți Sous Vide în ea. Setați la 134 F.

Combinați usturoiul, rozmarinul, chimenul, cimbrul și untul. Frecați curcanul cu amestecul.

Pune curcanul într-o pungă care se etanşează în vid. Eliberaţi aerul prin metoda deplasării apei, sigilaţi şi scufundaţi punga în baia de apă. Gatiti timp de 8 ore

Odată ce cronometrul s-a oprit, scoateţi curcanul. Rezervaţi sucuri de gătit. Se incinge un gratar la foc mare si se pune curcanul. Stropiţi cu sucuri de gătit. Întoarceţi-vă şi mai stropiţi cu câteva sucuri. Se da deoparte si se lasa sa se raceasca. Servi.

Piept de curcan cu cuisoare

Timp de pregătire + gătire: 1 oră 45 minute | Porții: 6

Ingrediente:

2 kg piept de curcan, feliat
2 catei de usturoi, tocati
1 cană ulei de măsline
2 linguri muștar de Dijon
2 linguri suc de lamaie
1 lingurita rozmarin proaspat, tocat marunt
1 lingurita cuisoare, tocate
Sare si piper negru dupa gust

Directii:

Într-un castron mare, combinați uleiul de măsline, cu muștar, suc de lămâie, usturoi, rozmarin, cuișoare, sare și piper. Se amestecă până se încorporează bine și se adaugă felii de curcan. Înmuiați și lăsați la frigider timp de 30 de minute înainte de a găti.

Scoateți din frigider și transferați în 2 pungi care se etanșează în vid. Sigilați pungile și gătiți în Sous Vide timp de o oră la 149 F. Scoateți din baia de apă și serviți.

Piept de curcan cu marar si rozmarin

Timp de pregătire + gătire: 1 oră 50 de minute | Porții: 2

Ingrediente

1 kilogram de piept de curcan dezosat
Sare si piper negru dupa gust
3 crengute de marar proaspat
1 crenguta de rozmarin proaspat, tocata
1 frunză de dafin

Directii

Pregătiți o baie de apă și puneți Sous Vide în ea. Setați la 146 F.

Se incinge o tigaie la foc mediu, se pune curcanul si se caleste 5 minute. Rezervă grăsimea. Asezonați curcanul cu sare și piper. Pune curcanul, mararul, rozmarinul, frunza de dafin și grăsimea rezervată într-o pungă care se sigilează în vid. Eliberați aerul prin metoda deplasării apei, sigilați și scufundați punga în baia de apă. Gatiti 1 ora si 30 de minute.

Încinge o tigaie la foc mare. Odată ce cronometrul s-a oprit, scoateți curcanul și transferați-l în tigaie. Se prăjește timp de 5 minute.

Rață dulce prăjită

Timp de pregătire + gătire: 3 ore 55 minute | Porții: 4

Ingrediente

6 oz piept de rață dezosat
¼ linguriță scorțișoară
¼ lingurita boia afumata
¼ lingurita piper cayenne
1 lingura de cimbru
1 lingurita miere
Sare si piper negru dupa gust

Directii

Pregătiți o baie de apă și puneți Sous Vide în ea. Setați la 134 F. Uscați pieptul de rață cu o foaie de copt și îndepărtați pielea, aveți grijă să nu tăiați carnea. Asezonați cu sare.

Încinge o tigaie la foc mare. Se prăjește rața timp de 3-4 minute. Scoateți și lăsați deoparte.

Într-un castron, combinați boia de ardei, cimbrul, ardeiul cayenne și scorțișoara, amestecați bine. Marinați pieptul de rață cu amestecul. Puneți într-o pungă sigilabilă în vid. Adăugați 1 lingură de miere. Eliberați aerul prin metoda deplasării apei, sigilați și scufundați punga în baia de apă. Gatiti 3 ore si 30 de minute.

Odată ce temporizatorul s-a oprit, scoateți punga și uscați. Încingeți o tigaie la foc mare și prăjiți rața timp de 2 minute. Întoarceți-l și gătiți încă 30 de secunde. Se lasa sa se raceasca si se serveste.

Cimbru Duck Breas t

Timp de pregătire + gătire: 2 ore și 10 minute | Porții: 3

Ingrediente:

3 (6 oz) piept de rață, pe piele
3 linguri de frunze de cimbru
2 linguri ulei de masline
Sare si piper negru dupa gust

Ingrediente:

Faceți benzi transversale pe piept și fără a tăia carnea. Asezonați pielea cu sare și partea de carne cu cimbru, piper și sare. Puneți pieptul de rață în 3 pungi separate care se sigilează în vid. Eliberați aerul și sigilați pungile. Dați la frigider timp de 1 oră.

Faceți o baie de apă, puneți Sous Vide în ea și setați la 135 F. Scoateți pungile din frigider și scufundați-le în baia de apă. Setați cronometrul pentru 1 oră.

Odată ce temporizatorul s-a oprit, scoateți și desigilați pungile. Puneți o tigaie la foc mediu, adăugați ulei de măsline. După ce s-a încălzit, se adaugă rața și se prăjește până când pielea devine maro aurie și carnea. Scoateți și lăsați să stea timp de 3 minute și apoi feliați. Servi.

Orange Goose Confit

Timp de pregătire + gătire: 12 ore și 7 minute + Timp de răcire | Porții: 6

Ingrediente

3 foi de dafin
6 picioare de gâscă
10 linguri de sare
6 căței de usturoi, zdrobiți
1 crenguță de rozmarin proaspăt, cu tulpină
1½ cani de grasime de gasca
1 lingurita boabe de piper
Zeste de 1 portocală

Directii

Ungeți pulpele de gâscă cu usturoi, sare, boabe de piper și rozmarin. Acoperiți și lăsați să se răcească la frigider pentru 12 până la 24 de ore. Pregătiți o baie de apă și puneți Sous Vide în ea. Setați la 172 F. Scoateți gâsca din frigider și uscați cu un prosop de bucătărie.

Puneți gâsca, grăsimea de gâscă, foile de dafin, boabele de piper și coaja de portocală într-o pungă care se sigilează în vid. Eliberați aerul prin metoda deplasării apei, sigilați și scufundați punga în baia de apă. Gatiti 12 ore.

Odată ce cronometrul s-a oprit, scoateți gâsca din pungă și curățați excesul de grăsime. Încingeți o tigaie la foc mare și prăjiți gâsca timp de 5-7 minute până devine crocantă.

Paste cu creveți cu lămâie cu brânză

Timp de pregătire + gătire: 55 minute | Porții: 4

Ingrediente

2 căni de mătgul elvețian, tocat

6 linguri de unt

½ cană parmezan

2 catei de usturoi, tocati

1 lamaie, cu coaja si zeama

1 lingura busuioc proaspat, tocat

Sare si piper negru dupa gust

1 lingurita fulgi de ardei rosu

1½ kilograme de creveți, devenați, cu cozi

8 oz paste la alegere

Directii

Pregătiți o baie de apă și puneți Sous Vide în ea. Setați la 137 F.

Se încălzește o oală la foc mediu și se combină untul, smog elvețian, 1/4 cană de brânză Pecorino Romano, usturoi, coaja și suc de lămâie, busuioc, sare, piper negru și fulgi de ardei roșu. Gatiti 5 minute pana cand untul s-a topit. Pus deoparte.

Puneți creveții într-o pungă care se etanșează în vid și turnați amestecul de lămâie. Agită bine. Eliberați aerul prin metoda deplasării apei, sigilați și scufundați punga în baia de apă. Gatiti 30 de minute.

Între timp, gătiți pastele conform instrucțiunilor de pe ambalaj. Se scurge si se pune in oala. Odată ce cronometrul s-a oprit, scoateți punga și transferați-l în vasul pentru paste. Gatiti 3-4 minute. Acoperiți cu brânză Pecorino rămasă și serviți.

Halibut cu Sherry dulce și Glazură Miso

Timp de pregătire + gătire: 50 de minute | Porții: 4

Ingrediente

1 lingura ulei de masline
2 linguri de unt
⅓ cană de sherry dulce
⅓ cană miso roșu
¼ cană mirin
3 linguri de zahăr brun
2½ linguri de sos de soia
4 file de halibut
2 linguri de ceai tocat
2 linguri patrunjel proaspat tocat

Directii

Pregătiți o baie de apă și puneți Sous Vide în ea. Setați la 134 F. Încingeți untul într-o cratiță la foc mediu-mic. Se amestecă sherry dulce, miso, mirin, zahăr brun și sos de soia timp de 1 minut. Pus deoparte. Se lasa sa se raceasca. Puneți halibutul în 2 pungi care se etanșează în vid. Eliberați aerul prin metoda deplasării apei, sigilați și scufundați pungile în baia de apă. Gatiti 30 de minute.

Odată ce cronometrul s-a oprit, scoateți halibutul din pungi și uscați-l cu un prosop de bucătărie. Rezervați sucuri de gătit. Se încălzește o cratiță la foc mare și se toarnă sucul de gătit. Gatiti pana scade la jumatate.

Încinge uleiul de măsline într-o tigaie la foc mediu și transferă fileurile. Se prăjește timp de 30 de secunde pe fiecare parte până devine crocant. Serviți peștele și stropiți cu Glazură Miso. Se ornează cu ceai și pătrunjel.

Somon crocant cu glazură dulce de ghimbir

Timp de pregătire + gătire: 53 minute | Porții: 4

Ingrediente

½ cană sos Worcestershire

6 linguri zahăr alb

4 linguri mirin

2 catei mici de usturoi, tocati

½ linguriță amidon de porumb

½ linguriță de ghimbir proaspăt ras

4 fileuri de somon

4 linguri ulei vegetal

2 cani de orez fiert, pentru servire

1 lingurita de mac prajite

Directii

Pregătiți o baie de apă și puneți Sous Vide în ea. Setați la 129 F.

Combinați sosul Worcestershire, zahărul, mirinul, usturoiul, amidonul de porumb și ghimbirul într-o oală fierbinte la foc mediu. Gatiti 1 minut pana cand zaharul s-a dizolvat. Rezervați 1/4 cană de sos. Se lasa sa se raceasca. Puneți fileurile de somon în 2 pungi care se etanșează în vid cu sosul rămas. Eliberați aerul prin metoda deplasării apei, sigilați și scufundați pungile în baia de apă. Gatiti 40 de minute.

Odată ce cronometrul s-a oprit, scoateți fileurile din pungi și uscați-le cu un prosop de bucătărie. Încinge o cratiță la foc mediu și gătește ceașca de sos timp de 2 minute până se îngroașă. Încinge uleiul într-o tigaie. Se prăjește somonul timp de 30 de secunde pe fiecare parte. Serviți somonul cu sos și semințe de mac.

Pește de citrice cu sos de cocos

Timp de pregătire: 1 oră 57 minute | Porții: 6

Ingrediente

2 linguri ulei vegetal

4 rosii, curatate si tocate

2 ardei grasi rosii, taiati cubulete

1 ceapa galbena, taiata cubulete

½ cană suc de portocale

¼ cană suc de lămâie

4 catei de usturoi, tocati

1 linguriță de semințe de chimen, zdrobite

1 lingurita chimen praf

1 lingurita piper cayenne

½ linguriță sare

6 file de cod, cu pielea îndepărtată, tăiate cubulețe

14 uncii lapte de cocos

¼ cană nucă de cocos mărunțită

3 linguri coriandru proaspăt tocat

Directii

Pregătiți o baie de apă şi puneți Sous Vide în ea. Setați la 137 F.

Combinați într-un bol, sucul de portocale, sucul de lime, usturoiul, semințele de chimen, chimenul, piperul de cayenne şi sarea. Ungeți fileurile cu amestecul de lămâie. Acoperiți şi lăsați să se răcească la frigider timp de 1 oră.

Între timp, încălziți uleiul într-o cratiță la foc mediu şi puneți roşiile, ardeiul gras, ceapa şi sare. Gatiti 4-5 minute pana se inmoaie. Se toarnă laptele de cocos peste amestecul de roşii şi se fierbe timp de 10 minute. Se da deoparte si se lasa sa se raceasca.

Scoateți fileurile din frigider şi puneți-le în 2 pungi care se etanşează în vid cu amestecul de nucă de cocos. Eliberați aerul prin metoda deplasării apei, sigilați şi scufundați pungile în baia de apă. Gatiti 40 de minute. Odată ce cronometrul s-a oprit, scoateți pungile şi transferați conținutul într-un bol de servire. Se ornează cu nucă de cocos mărunțită şi coriandru. Serviți cu orez.

Eglefin Poșat Lime-Prunjel

Timp de pregătire + gătire: 75 minute | Porții: 4

Ingrediente

4 file de eglefin, pe piele
½ linguriță sare
6 linguri de unt
Zest și suc de 1 lime
2 linguri patrunjel proaspat tocat
1 lime, sferturi

Directii

Pregătiți o baie de apă și puneți Sous Vide în ea. Setați la 137 F.

Se condimentează fileurile cu sare și se pun în 2 pungi care se etanșează în vid. Adăugați untul, jumătate din coaja de lămâie și sucul de lămâie și 1 lingură de pătrunjel. Eliberați aer prin metoda deplasării apei. Transferați la frigider și lăsați să se răcească timp de 30 de minute. Sigilați și scufundați pungile în baia de apă. Gatiti 30 de minute.

Odată ce cronometrul s-a oprit, scoateți fileurile și uscați-le cu un prosop de bucătărie. Încălziți untul rămas într-o tigaie la foc mediu și prăjiți fileurile timp de 45 de secunde pe fiecare parte, punând deasupra untul topit. Se usucă cu un prosop de bucătărie și se transferă pe o farfurie. Se ornează cu sferturi de lime și se servește.

Tilapia crocantă cu sos de muștar și arțar

Timp de pregătire + gătire: 65 minute | Porții: 4

Ingrediente

2 linguri sirop de artar

6 linguri de unt

2 linguri muștar de Dijon

2 linguri de zahăr brun

1 lingura patrunjel

1 lingura de cimbru

2 linguri sos de soia

2 linguri otet de vin alb

4 file de tilapia, pe piele

Directii

Pregătiți o baie de apă și puneți Sous Vide în ea. Setați la 114 F.

Încinge o cratiță la foc mediu și pune 4 linguri de unt, muștar, zahăr brun, sirop de arțar, sos de soia, oțet, pătrunjel și cimbru. Gatiti 2 minute. Se lasa deoparte si se lasa sa se raceasca 5 minute.

Puneți fileurile de tilapia într-o pungă care se etanșează în vid cu sos de arțar. Eliberați aerul prin metoda deplasării apei, sigilați și scufundați punga în baia de apă. Gatiti 45 de minute.

Odată ce cronometrul s-a oprit, scoateți fileurile și uscați-le cu un prosop de bucătărie. Încingeți untul rămas într-o tigaie la foc mediu și prăjiți fileurile timp de 1-2 minute.

Pește-spadă muștar

Timp de pregătire + gătire: 55 minute | Porții: 4

Ingrediente

2 linguri ulei de masline
2 fripturi de pește-spadă
Sare si piper negru dupa gust
½ linguriță de muștar Coleman
2 linguri ulei de susan

Directii

Pregătiți o baie de apă și puneți Sous Vide în ea. Setați la 104 F. Asezonați peștele-spadă cu sare și piper. Amesteca bine uleiul de masline si mustarul. Puneți peștele-spadă într-o pungă care se etanșează în vid cu amestecul de muștar. Eliberați aer prin metoda deplasării apei. Se lasa sa se odihneasca la frigider 15 minute. Sigilați și scufundați punga în baia de apă. Gatiti 30 de minute.

Încinge uleiul de susan într-o tigaie la foc mare. Odată ce cronometrul s-a oprit, scoateți peștele-spadă și uscați-l cu un prosop de bucătărie. Aruncați sucurile de gătit. Transferați în tigaie și prăjiți timp de 30 de secunde pe fiecare parte. Tăiați peștele-spadă în felii și serviți.

Tortile picante de pește

Timp de pregătire + gătire: 35 minute | Porții: 6

Ingrediente

⅓ cană smântână pentru frișcă
4 file de halibut, decojite
1 lingurita coriandru proaspat tocat
¼ linguriță fulgi de ardei roșu
Sare si piper negru dupa gust
1 lingura otet de cidru
½ ceapă dulce, tocată
6 tortilla
Salată verde iceberg mărunțită
1 roșie mare, feliată
Guacamole pentru garnitură
1 lime, sferturi

Directii

Pregătiți o baie de apă și puneți Sous Vide în ea. Setați la 134 F.

Combinați fileurile cu coriandru, fulgii de ardei roșu, sare și piper. Puneți într-o pungă sigilabilă în vid. Eliberați aerul prin metoda deplasării apei, scufundați punga în baie. Gatiti 25 de minute.

Între timp, amestecați oțetul de cidru, ceapa, sare și piper. Pus deoparte. Odată ce cronometrul s-a oprit, scoateți fileurile și uscați-le cu un prosop de bucătărie. Folosind un suflator și prăjiți fileurile. Tăiați în bucăți. Peste tortilla se pune pestele, se adauga salata verde, rosiile, smantana, amestecul de ceapa si guacamole. Se ornează cu lime.

Fripturi de ton busuioc

Timp de pregătire + gătire: 45 minute | Porții: 5

Ingrediente

6 linguri ulei de măsline
4 fripturi de ton
Sare si piper negru dupa gust
Coaja și zeama de la 1 lămâie
2 catei de usturoi, tocati
1 lingurita busuioc proaspat tocat

Directii

Pregătiți o baie de apă și puneți Sous Vide în ea. Setați la 126 F. Asezonați tonul cu sare și piper. Amestecați 4 linguri de ulei de măsline, suc și coaja de lămâie, usturoi și busuioc. Puneți în două pungi sigilabile în vid cu marinatul de citrice. Eliberați aerul prin metoda deplasării apei, sigilați și scufundați pungile în baia de apă. Gatiti 35 de minute.

Odată ce cronometrul s-a oprit, scoateți tonul și uscați-l cu un prosop de bucătărie. Rezervați sucurile de gătit. Încinge ulei de măsline într-o tigaie la foc mare și gătește tonul timp de 1 minut pe fiecare parte. Transferați într-o farfurie și stropiți cu sucul de gătit. Cel mai bine se servește cu orez.

Salată de pește spadă și cartofi cu măsline Kalamata

Timp de pregătire + gătire: 3 ore și 5 minute | Porții: 2

Ingrediente

Cartofi

3 linguri ulei de masline

1 kilogram de cartofi dulci

2 linguri sare

3 crengute de cimbru proaspat

Pește

1 lingura ulei de masline

1 friptură de pește-spadă

Sare si piper negru dupa gust

1 lingurita ulei de canola

Salată

1 cană frunze de spanac baby

1 cană de roșii cherry, tăiate la jumătate

¼ cană măsline Kalamata, tocate

1 lingura ulei de masline

1 lingură muștar de Dijon

3 linguri otet de cidru

¼ lingurita sare

Directii

Pentru a face cartofii: pregătiți o baie de apă și puneți în ea Sous Vide. Setați la 192 F.

Pune cartofii, uleiul de măsline, sarea de mare și cimbrul într-o pungă care se închide în vid. Eliberați aerul prin metoda deplasării apei, sigilați și scufundați punga în baia de apă. Gatiti 1 ora si 15 minute. Odată ce temporizatorul s-a oprit, scoateți punga și nu deschideți. Pus deoparte.

Pentru a face peștele: Faceți o baie de apă și puneți Sous Vide în ea. Setați la 104 F. Asezonați peștele-spadă cu sare și piper. Puneți într-o pungă care se etanșează în vid cu uleiul de măsline. Eliberați aerul prin metoda deplasării apei, sigilați și scufundați punga în baia de apă. Gatiti 30 de minute.

Încinge uleiul de canola într-o tigaie la foc mare. Scoateți peștele-spadă și uscați-l cu un prosop de bucătărie. Aruncați sucurile de gătit. Transferați peștele-spadă în tigaie și gătiți timp de 30 de secunde pe fiecare parte.

Tăiați în felii și acoperiți cu folie de plastic. Pus deoparte.

La final, faceți salata: într-un bol de salată, adăugați roșiile cherry, măslinele, uleiul de măsline, muștarul, oțetul de cidru și sarea și amestecați bine. Adăugați spanac baby. Scoateți cartofii și tăiați pe jumătate. Aruncați sucurile de gătit. Acoperiți salata cu cartofi și pește-spadă pentru a servi.

Somon afumat

Timp de pregătire + gătire: 1 oră 20 de minute | Porții: 3

Ingrediente:

3 file de somon, fara piele
1 lingura zahar
2 linguri boia afumată
1 linguriță pudră de muștar

Directii:

Pregătiți o baie de apă, puneți Sous Vide în ea și setați-l la 115 F. Asezonați somonul cu 1 linguriță de sare și puneți-l într-o pungă cu fermoar. Se da la frigider pentru 30 de minute.

Într-un castron, amestecați zahărul, sarea afumată, sarea rămasă și pudra de muștar și amestecați pentru a se combina. Scoateți somonul din frigider și frecați cu amestecul de pudră de călugăr.

Puneți somonul într-o pungă care se etanșează în vid, eliberați aerul prin metoda de deplasare a apei și sigilați punga. Scufundați-vă în baia de apă și setați cronometrul pentru 45 de minute. Odată ce temporizatorul s-a oprit, scoateți punga și desigilați-o. Scoateți somonul și uscați-l cu un prosop de bucătărie. Pune o tigaie antiaderență la foc mediu, adaugă somonul și prăjește-l timp de 30 de secunde. Serviți cu o parte de verdeață aburită.

Scoici dulci cu unt cu Pancetta

Timp de pregătire + gătire: 45 minute | Porții: 6

Ingrediente

12 scoici mari

1 lingura ulei de masline

Sare si piper negru dupa gust

4 felii de pancetta

2 linguri de miere

2 linguri de unt

Directii

Pregătiți o baie de apă și puneți Sous Vide în ea. Setați la 126 F.

Preîncălziți cuptorul la 390 F. Combinați scoicile cu ulei de măsline, sare și piper. Puneți într-o pungă sigilabilă în vid. Eliberați aerul prin metoda deplasării apei, sigilați și scufundați punga în baia de apă. Gatiti 30 de minute.

Transferați pancetta într-o tavă de copt, tapetată cu folie de aluminiu și ungeți ambele părți cu miere și piper. Coaceți timp de 20 de minute. Transferați pe o farfurie. Rezervați grăsimea de pancetta.

Odată ce cronometrul s-a oprit, scoateți scoici și uscați cu un prosop de bucătărie. Topiți untul și 1 lingură de grăsime de pancetta într-o tigaie la foc mediu. Pune scoicile și gătește 1 minut pe fiecare parte până se rumenesc. Tăiați pancetta în bucăți mici. Se pun scoicile în farfurie. Se ornează cu pancetta.

Chili-Lemon Calamari Linguine

Timp de pregătire + gătire: 2 ore și 10 minute | Porții: 4

Ingrediente

3 linguri ulei de masline
4 corpuri de calamari, curatate
Sare si piper negru dupa gust
10 uncii linguine uscate
1 conserve (16 uncii) de roșii
2 catei de usturoi, tocati
1 lingurita fulgi de ardei rosu
1 lingurita piper serrano, tocat
Coaja și zeama de la 1 lămâie
3 linguri patrunjel proaspat tocat
3 linguri mărar proaspăt tocat

Directii

Pregătiți o baie de apă și puneți Sous Vide în ea. Setați la 134 F. Asezonați calamarii cu sare și piper. Puneți calamarii și 2 linguri de ulei de măsline într-o pungă care se închide în vid. Eliberați aerul prin metoda deplasării apei, sigilați și scufundați punga în baia de apă. Gatiti 2 ore. După 1 oră și 45 de minute, gătiți linguine conform instrucțiunilor de pe ambalaj. Scurge-l.

Încinge o tigaie la foc mediu și adaugă uleiul de măsline rămas, roșiile, usturoiul, ardeiul serrano, zeama și coaja de lămâie și 2 linguri de pătrunjel. Se caleste timp de 3 minute. Odată ce cronometrul s-a oprit, scoateți calamarii și uscați cu un prosop de bucătărie. Tăiați în felii mici. Într-o tigaie fierbinte, combina pastele cu sosul de roșii și calamari. Stropiți cu ulei de măsline.

Sandwich cu ouă și avocado

Timp de pregătire + gătire: 70 de minute | Porții: 4

Ingrediente:

8 felii de pâine
4 ouă
1 avocado
1 lingurita boia
4 linguri de sos olandez
1 lingura patrunjel tocat
Sare si piper negru dupa gust

Directii:

Pregătiți o baie de apă și puneți Sous Vide în ea. Setați la 145 F. Scoateți pulpa de avocado și zdrobiți-o. Se amestecă sosul și condimentele. Puneți ouăle într-o pungă care se etanșează în vid. Eliberați aerul prin metoda de deplasare a apei, sigilați și scufundați punga în baie de apă. Setați cronometrul pentru 1 oră.

Odată gata, puneți imediat într-o baie de gheață pentru a se răci. Curățați și feliați ouăle. Întindeți jumătate din feliile de ouă cu piureul de avocado și acoperiți cu felii de ouă. Acoperiți cu feliile de pâine rămase.

Ouă Deviled

Timp de pregătire + gătire: 75 minute | Porții: 6

Ingrediente:

6 ouă

Suc de la 1 lămâie

2 linguri patrunjel tocat

1 rosie, tocata

2 linguri masline negre tocate

1 lingura iaurt

1 lingura ulei de masline

1 lingurita mustar

1 lingurita pudra de chili

Directii:

Pregătiți o baie de apă și puneți Sous Vide în ea. Setați la 170 F. Puneți ouăle într-o pungă sigilabilă în vid. Eliberați aerul prin metoda de deplasare a apei, sigilați și scufundați punga în baie de apă. Setați cronometrul pentru 1 oră.

Odată gata, scoateți punga și într-o baie de gheață pentru a se răci și decoji. Tăiați în jumătate și scoateți gălbenușurile. Adăugați ingredientele rămase la gălbenușuri și amestecați pentru a se combina. Umpleți ouăle cu amestecul.

Oua fierte tari

Timp de pregătire + gătire: 1 oră 10 minute | Porții: 3

Ingrediente:

3 ouă mari
Baie cu gheață

Directii:

Faceți o baie de apă, puneți Sous Vide în ea și setați la 165 F. Puneți ouăle în baia de apă și setați cronometrul pentru 1 oră.

Odată ce cronometrul s-a oprit, transferați ouăle într-o baie de gheață. Curățați ouăle. Serviți ca gustare sau în salate.

Ouă Murate

Timp de pregătire + gătire: 2 ore și 10 minute | Porții: 6

Ingrediente:

6 ouă
1 lingura boabe de piper
Suc dintr-o cutie de sfeclă
1 cană oțet
½ lingurita sare
2 catei de usturoi
1 frunză de dafin
¼ cană zahăr

Directii:

Pregătiți o baie de apă și puneți Sous Vide în ea. Setați la 170 F. Coborâți cu grijă ouăle în apă și gătiți timp de 1 oră. Folosind o lingura cu fanta, transferati-le intr-un castron mare cu apa rece ca gheata si lasati-le sa se raceasca cateva minute. Curățați și puneți într-un borcan de 1 litru cu capac cu balamale.

Într-un castron mic, combinați ingredientele rămase. Se toarnă peste ouă, se sigilează și se scufundă în baie. Gatiti 1 ora. Scoateți borcanul din baia de apă și răciți la temperatura camerei.

www.ingramcontent.com/pod-product-compliance
Lightning Source LLC
Chambersburg PA
CBHW071233080526
44587CB00013BA/1595